"十二五"国家重点图书出版规划项目

中国史话

社会系列

绵阳史话

A Brief History of Mianyang

中共绵阳市委宣传部
绵阳市社会科学联合会　主编
绵阳市地方志办公室

社会科学文献出版社
SOCIAL SCIENCES ACADEMIC PRESS (CHINA)

《中国史话》编辑委员会

《绵阳史话》编辑委员会

总　序

　　中国是一个有着悠久文化历史的古老国度，从传说中的三皇五帝到中华人民共和国的建立，生活在这片土地上的人们从来都没有停止过探寻、创造的脚步。长沙马王堆出土的轻若烟雾、薄如蝉翼的素纱衣向世人昭示着古人在丝绸纺织、制作方面所达到的高度；敦煌莫高窟近五百个洞窟中的两千多尊彩塑雕像和大量的彩绘壁画又向世人显示了古人在雕塑和绘画方面所取得的成绩；还有青铜器、唐三彩、园林建筑、宫殿建筑，以及书法、诗歌、茶道、中医等物质与非物质文化遗产，它们无不向世人展示了中华五千年文化的灿烂与辉煌，展示了中国这一古老国度的魅力与绚烂。这是一份宝贵的遗产，值得我们每一位炎黄子孙珍视。

　　历史不会永远眷顾任何一个民族或一个国家，当世界进入近代之时，曾经一千多年雄踞世界发展高峰的古老中国，从巅峰跌落。1840 年鸦片战争的炮声打破了清帝国"天朝上国"的迷梦，从此中国沦为被列强宰割的羔羊。一个个不平等条约的签订，不仅使中国大量的白银外流，更使中国的领土一步步被列强侵占，国库亏空，民不聊生。东方古国曾经拥有的辉煌，也随着西方列强坚船利炮的轰击而烟消云散，中国一步步堕入了半殖民地的深渊。不甘屈服的中国人民也由此开始了救国救民、富国图强的抗争之路。从洋务运动到维新变法，从太平天国到辛亥革命，从五四运动到中国共产党领导的新民主主义革命，中国人民屡败屡战，终于认识到了"只有社会主义才能救中国，只有社会主义才能发展中国"这一道理。中国共产党领导中国人民推倒三座大山，建立了新中国，从此饱受屈辱与蹂躏的中国人民站起来了。古老的中国焕发出新的生机与活力，摆脱了任人宰割与欺侮的历史，屹立于世界民族之林。每一位中华儿女应当了解中华民族数千年的文明史，也应当牢记鸦片战争以来一百多年民族屈辱的历史。

当我们步入全球化大潮的 21 世纪，信息技术革命迅猛发展，地区之间的交流壁垒被互联网之类的新兴交流工具所打破，世界的多元性展示在世人面前。世界上任何一个区域都不可避免地存在着两种以上文化的交汇与碰撞，但不可否认的是，近些年来，随着市场经济的大潮，西方文化扑面而来，有些人唯西方为时尚，把民族的传统丢在一边。大批年轻人甚至比西方人还热衷于圣诞节、情人节与洋快餐，对我国各民族的重大节日以及中国历史的基本知识却茫然无知，这是中华民族实现复兴大业中的重大忧患。

中国之所以为中国，中华民族之所以历数千年而不分离，根基就在于五千年来一脉相传的中华文明。如果丢弃了千百年来一脉相承的文化，任凭外来文化随意浸染，很难设想13亿中国人到哪里去寻找民族向心力和凝聚力。在推进社会主义现代化、实现民族复兴的伟大事业中，大力弘扬优秀的中华民族文化和民族精神，弘扬中华文化的爱国主义传统和民族自尊意识，在建设中国特色社会主义的进程中，构建具有中国特色的文化价值体系，光大中华民族的优秀传统文化是一件任重而道远的事业。

当前，我国进入了经济体制深刻变革、社会结构深刻变动、利益格局深刻调整、思想观念深刻变化的新的历史时期。面对新的历史任务和来自各方的新挑战，全党和全国人民都需要学习和把握社会主义核心价值体系，进一步形成全社会共同的理想信念和道德规范，打牢全党全国各族人民团结奋斗的思想道德基础，形成全民族奋发向上的精神力量，这是我们建设社会主义和谐社会的思想保证。中国社会科学院作为国家社会科学研究的机构，有责任为此作出贡献。我们在编写出版《中华文明史话》与《百年中国史话》的基础上，组织院内外各研究领域的专家，融合近年来的最新研究，编辑出版大型历史知识系列丛书——《中国史话》，其目的就在于为广大人民群众尤其是青少年提供一套较为完整、准确地介绍中国历史和传统文化的普及类系列丛书，从而使生活在信息时代的人们尤其是青少年能够了解自己祖先的历史，在东西南北文化的交流中由知己到知彼，善于取人之长补己之短，在中国与世界各国愈来愈深的文化交融中，保持自己的本色与特色，将中华民族自强不息、厚德载物的精神永远发扬下去。

《中国史话》系列丛书首批计200种，每种10万字左右，主要从政治、经济、文化、军事、哲学、艺术、科技、饮食、服饰、交通、建筑等各个方面介绍了从古至今数千年来中华文明发展和变迁的历史。这些历史不仅展现了中华五千年文化的辉煌，展现了先民的智慧与创造精神，而且展现了中国人民的不屈与抗争精神。我们衷心地希望这套普及历史知识的丛书对广大人民群众进一步了解中华民族的优秀文化传统，增强民族自尊心和自豪感发挥应有的作用，鼓舞广大人民群众特别是新一代的劳动者和建设者在建设中国特色社会主义的道路上不断阔步前进，为我们祖国美好的未来贡献更大的力量。

陈奎元

2011 年 4 月

出版说明

　　自古至今，始终坚持不懈地从漫长的文明进程中不断总结历史经验教训，从中汲取有益营养，从而培植广阔的历史视野，并具有浓厚的历史意识，这是我们中国文化独有的鲜明特征，中华民族亦因此而以悠久的"重史"传统著称于世。在整个人类文明史上独一无二、系统完备的"二十四史"即证明了这一点。

　　中华人民共和国成立后，历史知识普及工作被放到十分重要的位置。20世纪五六十年代，著名历史学家吴晗主持编写的《中国历史小丛书》，90年代中国社会科学院院长胡绳组织编写的《中华文明史话》和《百年中国史话》，成为"大家小书"的典范，而后两套历史知识普及丛书正是《中国史话》之缘起。

　　2010年年初，为切实贯彻中央关于"做好历史知识普及工作"的指示精神，同时也为了更好地弘扬中国传统文化，我们对《中华文明史话》和《百年中国史话》

两套丛书的内容进行了修订和增补，重新设计框架，以"中国史话"为丛书名出版。第十一届全国政协副主席、时任中国社会科学院院长陈奎元亲任《中国史话》一期编委会主任，时任中国社会科学院副院长武寅任编委会副主任。正是有了各级领导的关心支持和诸多学术名家的积极参与，《中国史话》一期200种图书得以顺利出版，并广受好评。

《中国史话》丛书的诞生，为历史知识普及传播途径的发展成熟，提供了一种卓具新意的形式。这种形式具有以通俗表述、适中篇幅和专题形式展现可靠历史知识的特征。通俗、可靠、适中、专题，是史话作品缺一不可的要素，也是区别于其他所有研究专著、稗官野史、小说演义类历史读物的独有特征。

囿于当时条件，《中国史话》一期的出版形式不尽如人意，其内容更有可以拓展的广阔空间，为此2013年4月我们启动了《中国史话》二期出版工作。《中国史话》二期分为经济、政治、文化、社会和生态五大系列，拟对中国各区域、各行业、各民族等的发展历史予以全方位介绍。我们并将在适当时机，启动《世界史话》的出版工作。史话总规模将达数千种。

我们愿携手海内外专家学者，将《中国史话》《世界史话》打造成以现代意识展现全部人类历史和人类文明，集学术性、知识性、趣味性于一体的"万有文库"；并将承载如此丰厚内容的史话体写作与出版努力锻造成新时期独具特色的出版形态。

希望史话丛书能在形塑民族历史记忆、汲取人类文明精华、培育现代国民方面有所贡献，并为广大读者所喜爱。

史话编辑部

2014 年 6 月

目录
Contents

序

　　《绵阳史话》是《中国史话》大型系列文化丛书之一。编著本书的目的在于为读者提供一本较为完整、准确的介绍绵阳历史的普及类读物，让更多的人了解绵阳历史发展的基本脉络，感受绵阳这片土地的沧桑巨变。在世界思想文化交流、交融、交锋越来越激烈的形势下，绵阳人民保持自己的本色与特色，弘扬自强不息、厚德载物的优秀文化传统，努力把绵阳建设成为西部经济文化生态强市，书写着更加壮阔的中华民族伟大复兴梦的绵阳篇章。

　　绵阳城市始建于公元前 201 年，距今已有 2200 余年的历史，历来为郡县、州府治所。这里是我国早期人类活动地区之一，边堆山遗址出土有 4500 年前新石器时代的石器和陶器；是黄帝元妃——"丝绸之母"嫘祖的故乡；是中华民族治水英雄及夏王朝的缔造者大禹的诞生地；是我国中医针灸发源地之一，双包山汉墓出土的经脉漆木俑是现今发现的世界上最早的人体经脉模型。古往今来，这块土地人文荟萃、英才辈出，哺育了李白、欧阳修、文同、李调元、沙汀、邓稼先、冯达仕等无数杰出人物，司马相如、扬雄、蒋琬、宋哲元及杜甫、王勃、杨炯、卢照邻等均在此留有重要遗迹或作品。嫘祖文化、大禹文化、三国蜀汉文化、李白文化、文昌文化等历史传统文化底蕴深厚，羌族文化、白马藏族文化等民族文化特色鲜明，两弹城、亚洲最大风洞群蕴含的国防科技文化独具魅力，抗震救灾和灾后重建铸就的感恩奋进文化感天动地，文昌庙会、睢水踩桥等大众文化活动源远流长。绵阳是我国重要的国防军工和科研生产基地，拥有中国工程物理研究院、中国空气动力研究与发展中心、中国燃气涡轮研究院等国家级科研院所18家，西南科技大学等高等院校14所，国家重点实验室8个，国家工程技术研究中心5家，国家企业技术中心6家，中国科学院、中国工程院院士25名，各类专业技术人才21.7万人。

当前，绵阳市委正带领全市广大干部群众以党的十八大精神为统领，紧紧围绕主题主线，把握科学发展、加快发展的工作基调，以绿色发展、循环发展、低碳发展为路径，以提高经济增长质量和效益为中心，坚持科技立市、工业兴市，坚持创新驱动、军民融合，深化改革、扩大开放，突出投资拉动和产业支撑，着力保障和改善民生，实现经济持续健康发展和社会和谐稳定，推动绵阳科技城建设取得新突破，为建设西部经济文化生态强市而艰苦奋斗。

《绵阳史话》坚持存真求实、详今略古的原则，秉笔直书绵阳的发展历程，力求思想性、科学性、资料性的统一，再现绵阳历史与现状的真实面貌，向世人展示绵阳文化的灿烂与辉煌，展示绵阳这片古老土地的魅力与绚烂，为绵阳的改革开放和现代化建设提供有价值的历史资料和现实依据。

本书承蒙《中国史话》编辑委员会专家学者们审阅、悉心指导，在此，谨致深切的感谢！衷心地希望本书有助于人们用较少的时间清晰地了解绵阳历史文化发展概况，有助于青少年从小养成"知我历史，爱我家乡"的观念，同时，在培育社会主义核心价值观中发挥应有的作用，并为建设更加美好的绵阳、更加美好的祖国贡献更大的力量。

中共绵阳市委书记　罗强

2014 年 10 月

一　市情概览

绵阳市位于四川省北部，地处川陕要道，总面积 20249.45 平方公里，占全省面积的 3.53%，居四川各市州第 8 位。城区距省会成都 90 公里。绵阳市辖涪城区、游仙区、江油市、三台县、安县、梓潼县、盐亭县、平武县、北川羌族自治县，代管省政府科学城办事处。市人民政府驻涪城区。2013 年末全市总人口 543.40 万。绵阳土地肥沃，气候宜人，资源丰富，物产众多，自古便有"富乐之乡"的美誉。2013 年地区生产总值 1455.12 亿元，在西部 52 个主要城市中居第 19 位。

行政区划

1985 年 2 月，经国务院批准，绵阳地区行政公署和县级绵阳市撤销，建立省辖绵阳市（地级），辖市中区、安县、江油、梓潼、平武、北川、三台、盐亭 7 县 1 区。1988 年 2 月，江油撤县建市（县级）。1992 年 10 月，绵阳市中区撤销，建立涪城区、游仙区，至此，绵阳市辖 6 县 1 市 2 区。涪城区人民政府驻城区东南文庙街；游仙区人民政府驻城区沈家坝；江油市人民政府驻中坝镇；三台县人民政府驻潼川镇；安县人民政府驻地于 2002 年 3 月由安昌镇迁入花荄镇；梓潼县人民政府驻文昌镇；盐亭县人民政府驻云溪镇；北川羌族自治县人民政府原驻曲山镇，2008 年，"5·12"地震后易地重建，驻永昌镇；平武县人民政府驻龙安镇。2013 年年底，全市共辖乡级行政区划 277 个，其中设乡 133 个，设镇 144 个，民族乡 30 个；居委会 512 个，农村村委会 3269 个。

人口分布

根据 2012 年年底统计数据，绵阳市共有 545.40 万人，占全省 6.2%，居全省第 4 位。全市人口分布很不均匀，主要集中在东南丘陵地区，涪江中游及其支流沿岸，宝成铁路，川陕、绵渝公路沿线人口尤其稠密。西北部的平武、北川两县，面积占全市的 2/5 以上，但人口仅占 7.8%。全市 6 县 1 市 2 区中，三台县 147.31 万人，盐亭县 59.94 万人，梓潼县 38.58 万人，安县 44.29 万人，北川羌族自治县 24.13 万人，平武县 18.39 万人，涪城区 69.18 万人，游仙区 54.90 万人，江油市 88.68 万人。全市人口密度为 269 人/平方公里。2013 年，绵阳市人口自然增长率为 1.96‰，远远低于全国人口自然增长率。绵阳市城镇人口为 237.79 万人，农村人口为 307.61 万人；依性别划分，男性人口 281.00 万人，女性人口 264.40 万人，分别占总人口的 51.52% 和 48.48%。

民族构成

绵阳市是一个多民族地区，辖区内共分布 40 个民族。汉族占全市人口的 96.9%，少数民族以羌族、藏族、回族为主。

羌族有 135321 人，主要分布在北川羌族自治县、平武县；藏族有 10057 人，主要分布在平武、北川两县；回族有 10008 人，主要分布在盐亭县。其余各少数民族则散居于全市，呈"大杂居、小聚居，又杂居又聚居"的特点。

少数民族人口较多的北川是全国唯一的羌族自治县，平武县享受民族自治县待遇。同时，在北川羌族自治县、平武县、盐亭县建立的羌族乡、藏族乡和回族乡共 14 个。各少数民族长期与汉族人民共同生活，共同发展，形成了和睦相处的民族大家庭。

1　地理环境

概述

绵阳市位于四川盆地西北部涪江中上游。全境呈西北—东南向宽条状，长约 282 公里，宽 75～125 公里。其地理坐标为东经 103°45′～105°43′，北纬 30°42′～33°03′；市界东南接南充，东北与广元市为邻，南姜遂宁，西邻德阳、阿坝藏族羌族自治州，北抵甘肃南部。绵阳市东北望剑门天险，西南接成都平原，有涪江、宝成铁路和川陕公路斜贯，自古就有"剑门锁钥""蜀道咽喉""成都屏障"之称。

从地图上看，绵阳像一幅巨大的多边形彩绸，斜挂在从青藏高原到四川盆地的斜坡上，上端直抵松潘大雪山，下端拖到盆底中间。西北部属于青藏高原东北边缘山地，地势高峻，群峰巍峨，重峦叠嶂。最高峰雪宝顶海拔高达 5400 米，海拔

5000 米以上的高峰还有三牙羌等 4 座。海拔在 4000 米以上的地区，有 140 多平方公里。市境东南部属于四川盆地的盆底部分，地势低陷，丘陵起伏，平坝开阔，平均海拔 400～600 米，最低处在三台县南端的郪江谷地，海拔仅 307 米，与市境内最高处相差约 5100 米，而其距离仅 300 公里。地势起伏很大，地貌差异显著，既有高山峡谷，又有宽阔的平坝，还有舒缓的丘陵。在不足 300 公里的区域内，海拔高度从 5000 米突降到 300 米，立体式的自然地貌、立体式的气候条件、立体式的资源分布，形成了绵阳市独特的、多样的、优越的自然地理优势，真可谓得天独厚。

多样的地貌造就了较为复杂的气候条件。按全国综合自然区划，绵阳市境属我国东部季风区的中亚热带，北与北亚热带南界相邻，西北同青藏高原区高原温带毗连。按全国气候区划，绵阳市处于四川盆地亚热带湿润季风气候区，具有春旱、夏热、秋短、冬冷，降水丰沛和阴天多、日照少的特点。市境内各地冬季多偏北风，时间长达三个多月。由于西北部高山阻挡了西北来的寒流，因而平均气温一般都在 0℃ 以上，最冷的月份平均气温在 3.9℃～6.2℃，比同纬度的长江中下游地区气温要高，故冬季无严寒。冬季降水量少，一般只占全年降水量的 2%～4%。夏季由于西北部高山阻挡了南来的暖湿气流，因而高温多雨。七月平均气温在 24.2℃～27.2℃，比同纬度的其他省份要低，故夏无酷暑。夏季降水量占全年降水量的 49%～61%，年降水量在 825.8～1417 毫米。降水分布差异较大，西北部山地处于迎风坡，降水多，龙门山中段是四川省著

名的暴雨区之一；东南部丘陵、平坝降水少，盐亭县是四川盆
地著名的干旱区。

市域气候差异大，西北部山地由于海拔落差大，形成以北
亚热带湿润气候为基带的山地垂直气候，有利于发展山地垂直
农业；东南部地势低，热量资源丰富，形成了中亚热带湿润季
风气候。

西北部——龙门山地

西北山地群峰巍峨，山高谷深。海拔在 4000～5000 米的
群山，约占全市面积的 61%，主要由东北—西南向的龙门山
山脉、东西向的摩天岭山脉和南北向的岷山山脉组成。

龙门山山脉分布于江油市和安县、北川、平武等地，一般
海拔 2500 米，少数山峰在 3000 米以上。西坡缓，东坡陡。东坡
山势由 1000 米骤升到 2500 米，从江油市和安县北望，山势巍
峨。岷山山脉位于绵阳市西北角，是岷江、涪江和白龙江的分
水岭，海拔在 3500 米以上。5000 米以上有现代冰川分布。

龙门山山脉和岷山山脉褶皱错杂，断裂发育，被称为松潘
龙门山地震带，是四川省六个地震带之一。

山区山高谷深。与阿坝藏族羌族自治州接界的三牙羌、
雪宝顶主峰，海拔分别为 5068 米、5400 米；谷底高程仅
1500～2000 米。受地形影响，气候温和湿润，垂直变化明
显，形成以亚热带湿润季风气候为基带的山地立体气候。从
谷地的亚热带气候往上逐渐演变为暖温带、寒温带、亚寒
带、寒带气候，可以说除热带气候外，地球上其他几种气候
带，绵阳都存在。绵阳境内相对湿度大，云雾多，阴天多，

是发展优质茶叶生产的好地方。由于受气候影响，植被也呈明显的垂直分带现象。从低山河谷的亚热带常绿阔叶林向上，依次为常绿阔叶与落叶阔叶混交林、落叶阔叶林、针阔叶混交林、针叶林、高山草甸等。

山区资源丰富，森林草原广布。平武和北川森林覆盖率在80%以上，虽经几十年的开发利用，但仍保存有大片的原始森林。原始森林为动物栖息、寻找食物提供了条件。野生动物资源丰富，珍奇的动物有大熊猫、金丝猴、牛羚、小熊猫等20多种。境内建有王朗、小寨子沟、泗耳、千佛山、小河沟等自然保护区。山区有许多名山、奇峰、异洞，拥有丰富的自然风景资源，有助于开发、发展旅游业。

中部——冲洪积平坝

中部的冲洪积平坝属成都平原边缘带，占全市面积的18.6%，分布在涪江及其支流安昌江、梓江等河流沿岸，是由涪江及其支流穿越龙门山山脉以后，坡度降低，流速变缓，泥沙淤积而成。其中面积最大的江彰平原，有250多平方公里，是仅次于成都平原的川中第二大平原。该区域地势平坦，土层深厚，引水灌溉条件好，水热光照条件好，农作物一年可2~3熟，既是全市粮、棉、油等农产品的稳产高产基地，也是人口、城镇、工业、交通最密集的地貌类型。平坝距河面低，易遭洪害。

东南部——低缓丘陵

东南部属川中丘陵，占全市面积的20.4%，分布于涪城区、游仙区、江油市和安县、梓潼、三台、盐亭等境内。由于长期雨水侵蚀，形成了沟谷相间、起伏和缓，呈条状、圆丘状或方山状的丘陵。该区域梯田层叠、绿树环绕，是绵阳市主要的农业区。该区域夏季气温较高，光照充足，是四川省主要的棉花生产基地，然而，蓄水、引水条件差，水土流失严重，易发生旱灾。有的地方地下蕴藏着丰富的天然气和石油。

2 自然资源

绵阳自然条件的复杂多样，使绵阳自然资源具有了种类繁多、空间分布变化大、自然优化组合好等显著特征。

水利资源

丰沛的降水和复杂多样的地貌环境，为水系发育、水能蕴藏提供了良好条件。全市水资源总量为171.14亿立方米，居全省第九位。其中地表径流总量达到117.61亿立方米，但河流径流季节分配不均，各年之间的变率较大。全市有大小河流3000多条，分属涪江、嘉陵江水系。涪江是嘉陵江西岸的最大支流，干流河长700公里，其中流经市境内329公里，市境流域面积19717平方公里（占全市面积的97.4%），大的支流有平通河、通口河、安昌江、凯江和梓江等。

为了更好地利用境内水资源，新中国成立以来，党和政府领导各族人民群众进行了大规模的水利建设，实施了大量的以灌溉为主的水利工程。其中，已建成的工程有团结水库、鲁班水库、沉抗水库、绵阳城区三江工程，以及被列入国家重点建设的大型水利工程——武都引水工程等，这些极大地改善了绵阳的水资源利用状况。

矿产资源

绵阳市矿产资源丰富，现已探明储量的矿产有 26 种、335 处。矿产资源不仅种类多，而且储量大，铁矿石储量 55946 万吨，锰矿 2721.9 万吨，铅锌矿 5.2 万吨，黄金 30 吨，磷矿 2750.7 万吨，硫铁矿 702 万吨，石灰石 37409.3 万吨。这些矿产资源为绵阳工业的发展奠定了良好的物质基础。黄金、锰、熔剂白云岩、膨润土的探明储量居全省首位；重晶石、玻璃砂岩居第三位；天然气、石灰岩、水泥配料、铸型砂岩居第三位；熔剂灰岩居第四位；磷块岩居第六位。这些优势矿产除锰矿质量较差外，都以质优、量大、易采选、开采利用条件极佳而全省瞩目。黄金主要分布于涪江两岸；锰矿主要分布在平武；白云岩主要分布在江油武都；膨润土主要分布在三台、盐亭境内。

生物资源

绵阳市境内因地处我国三大自然区的结合部，各区的生物相互渗透。绵阳市虽然主要是属于东亚季风气候区的生物，但也有蒙新干旱气候区和青藏高寒气候区的生物种属，加上受第四纪冰川影响较小，为原有生物的生存、繁衍和分化提供了有利条件。

绵阳生物资源种类齐全，珍稀名特物种丰富，开发潜力巨大。全市有植物 4500 多种，占全省 9254 种的 48.6%，占全国的 16.6%。其中主要植物有 2471 种，被列入国家重点保护的珍稀植物有 48 种，仅珍稀树种就有珙桐、连香、厚朴、杜仲、四川红杉、水杉等 39 种；药用植物有 2100 多种，常年收购的药材有 600 多种。桔梗、麦冬、附片、枣皮、杜仲、黄连、党参、天麻、贝母、虫草等优质药材，驰名中外。全市森林面积 1097236 公顷，森林覆盖率达 38.3%，林木蓄积量 8543.1 万立方米。

绵阳市境内有脊椎动物 800 多种，其中兽类约 100 种，鸟类 420 种，爬行类 40 种，两栖类 50 种，鱼类 190 种。重点保护动物有 42 种，占全省的 71.19%。绵阳市属国家重点保护的一级珍稀动物有金丝猴、大熊猫、豹、虎、云豹、牛羚、黑颈鹤、绿尾虹雉、藏雪鸡等 10 余种，属二级保护的动物有小熊猫、鬣羚、斑羚、红腹角雉、白冠长尾雉等 20 余种。素有动物界"活化石"之称的大熊猫主要生活在绵阳市西北的北川、平武县境内，因此绵阳被誉为"大熊猫的故乡"。

平武县境内的王朗自然保护区，早在 1963 年就被批准为省级自然保护区，现已升为国家级自然保护区，其总面积达 339.36 平方公里，主要保护的动物有大熊猫、扭角羚、金丝猴等。

土地资源

绵阳市土地面积为 3037.42 万亩，其中可利用土地占 94.5%，占全省的 3.54%。绵阳市土类达 117 种，地带性土壤为黄壤。东南丘陵多为紫色土。西北山地，由于气候生物垂直分布明显，故土壤种类繁多，形成了以黄壤为基带，随海拔的增高，自下而上依次为黄棕壤、棕壤、暗棕壤、棕色针叶林土、亚高山草甸土、高山草甸土、高山寒漠土等的分布特点。河谷地区主要为冲积土，以及在人类耕作利用下发育的水稻土。发展粮、油、棉、林、果、茶、药的最佳属种和一土多用皆宜的土种多达数十种。在全市土地利用现状结构中，林地面积最大，其次是耕地，其余各类所占比重很小。

市境内的土地资源分布不均，耕地主要分布在三台、盐亭、梓潼、涪城、游仙、安县、江油境内；林地主要分布在北川、平武境内。

能源资源

全市能源资源主要以油气、煤、水能为主。其中油气资源最多，保有储量43280亿立方米，主要分布于江油、梓潼、盐亭、涪城、游仙等平缓褶皱区；煤保有储量1898.9万吨，主要分布在安县、北川、江油山区；水能资源保有储量180万千瓦，分布区域以平武、北川为主，三台、江油次之。水能资源主要集中在涪江水系，可选点建设的坝址主要集中在平武、北川两县。现在已经建成和正在建设的水电站有三台永安电站、明台电站、绵阳三江电站、北川苦竹坝电站（已被地震毁灭）、平武火溪河电站等。

绵阳市的生物能源比较短缺，每年仅有秸秆21.5万吨，薪柴31.97万吨，但是人畜粪便量非常大，农村适合大规模发展沼气，并能更好地解决本市农村饲料、肥料、燃料之间的矛盾。

二 历史沿革

1 最早的绵阳人

最早的绵阳人在哪里？他们是怎样生活的？考古学家从一颗牙齿中找到了答案。这颗牙齿是在绵阳市北川羌族自治县桂溪乡金宝村发现的。中国社会科学院的考古学家经鉴定，确定了这是青少年的左下侧门齿化石，距今约两万年，并指出那个时期的该地人属于晚期智人，还将其命名为"北川人"。这就是迄今考古发掘中确定的最早的绵阳人。

绵阳的先民在艰苦的环境中一代又一代地生息、劳动、繁衍，活动范围也越来越大。在 4500 年前，有一支氏族在北川桂溪南几公里的戴天山的大水洞（今绵阳市代管的江油市大康镇大旱丰村）安家。2005 年，考古学家对这个原始人类遗址进行了发掘。在 1000 多平方米的范围内，发掘出的陶片、磨制石器、骨器、蚌饰等，属新石器时代晚期的器物。此外，在江油市的窦圌山、乾元山，平武县的焦西岗，盐亭县的高灯乡，都发现了新石器时期先民们用过的磨制石器。

距今 5000～4500 年，绵阳的先民已经有一部分从山区进入平原。考古工作者在安昌江畔的边堆山（今属绵阳市涪城区新皂镇）发现了他们生活的遗迹。这里地势平坦，土地肥沃，水源充足。先民们在这背山近水的地方修建了房屋，开始了定居的农业生活，也进行采集和渔猎。他们已经能使用当时最先进的武器——弓箭，箭杆上装的是石头磨成的箭镞。他们还用骨头做成的鱼叉，捕杀河中的大鱼。氏族里还有专门从事制陶器的能工巧匠，他们在黏土中掺入细砂，或把石英石粉碎后加入陶土中，也有不掺杂砂石全部用陶土的，用陶轮将其制成平底的盆、壶、钵、罐或圈足豆。为了使这些陶器美观，他们还绘上绳纹、弦纹、网格纹等 20 多种图案，在口沿边装饰水波纹、锯齿纹，再经陶窑烧制成红色、灰色、红褐色的陶器。这些陶器不单纯是生活用具，也是工艺品。

绵阳边堆山人不再是披树皮树叶、住洞穴的原始人，而是会织布做衣服穿的文明人。他们从野外采集到麻类作物，沤泡后取出麻纤维，用陶土烧制成的鼓形或圆柱形纺轮，纺成麻线，再织布做衣服。他们的文明程度在当时四川盆地是最高的了。

边堆山居民中的一支大约在 4700 年前向南迁徙到成都平原的腹心地带——广汉三星堆，他们带去了祖辈相传的制造小型磨石器、烧制小平底陶器和建筑木骨泥墙的技术，在那里继续劳动、生息。他们还接受了外来文化的影响，创造出了震惊中外、辉煌灿烂的三星堆文化。

2 西汉初年设涪县

大约 3000 年前，四川盆地建立了蜀国和巴国两个古国，两国大体以涪江为界。绵阳地跨涪江，东接巴、西连蜀，巴西由此得名。绵阳既是蜀国通往巴国的水陆交通要冲，也是蜀国通往中原的必经之地。

战国中期，秦国经商鞅变法后日益强大。公元前 316 年，秦惠王派司马错率兵，先后灭了蜀国和巴国后，建立了蜀郡和巴郡。绵阳归蜀郡管辖。

公元前 206 年，刘邦建立了西汉王朝。公元前 201 年，西汉在汉中和巴蜀的北部设广汉郡，下辖 10 县、3 道，属绵阳市境内的有梓潼县、涪县（管辖区域相当于现在的游仙区、涪城区及江油市南部、安县东部与三台北部）、郪县（今三台县）、刚氏道（今平武县，当时是氏人聚居地）。广汉郡治在西汉和东汉前期设在梓潼县绳乡（今七曲山麓连枝坝），后一度迁涪县，最后迁雒城（今广汉市）。涪县县城就设在今绵阳城区涪江东岸，芙蓉溪西岸，富乐山与龟山之间，大约在今芙蓉汉城的位置，正好处在金牛道的隘口上。涪县是绵阳城市建设的起点，至今已有 2210 多年的历史。

秦汉是绵阳经济文化发展的第一个高峰时期。绵阳纳入秦国版图后，经济文化获得飞跃式发展。楚汉战争时期，绵阳作为汉王刘邦的战略后方，供应粮食、兵源，为全国的统一做出了贡献。汉初统治者为恢复发展生产，实行轻徭薄赋、休养生息的政策，绵阳市境东南部的平坝、丘陵地区，农业、手工业、商业都比较发达，和川西平原同属于当时全国经济发达的地区。

秦汉时期铁器广泛使用，绵阳市境内出土了不少汉代的铁制农具。在涪江两岸的冲积平原，修渠引水灌溉；浅丘陵地区开辟了水田，种植水稻。当时流传的谚语是："大旱不旱，蜀有广汉。"从汉墓出土的水田模型可以看出，蓄水灌溉和种植、养鱼多种经济形式相结合。汉墓还出土了很多陶制的猪、狗、鸡、鸭等，说明当时在发展农业的同时也注重发展饲养业。绵阳市境在秦汉时期手工业十分发达，在梓潼设置的广汉工官（官营手工业作坊并向民间手工业收税的机构），是全国九处工官之一，主要生产漆器和金、银、铜器。漆器制作十分精美，以黑色为主，绘上红、黄、墨绿色的花纹，在口沿或柄上嵌镶金、银或铜边，显得精致绚丽。这些产品驰誉全国，输出国外。贵州清镇、朝鲜平壤，也发现了广汉工官制造的漆器。在涪城区永兴镇的大汉墓中，发掘了100多具黑漆木马，每具马的造型都很生动，黑漆油光乌亮，光可照人。虽黑漆木马在地下埋藏了2000多年，但色泽犹新，可见广汉工官的工艺水平之高超。绵阳市境内还发现了不少汉代的铜器，最著名的是何家山出土的大铜马，此大铜马高1.4米，长1.3米，是全国出土文物中最大的东汉铜马。在涪城区石塘乡出土的东汉铜镜，乌黑发亮，镜背面铭文、花纹如丝，在地下埋藏了

1700 年，迄今毫无锈蚀，光可鉴人。

汉代的绵阳交通发达，有金牛道、郪道两条交通干线，外加涪江水道。官私商旅的来往频繁，必然带动这里经济的繁荣。

两汉时期，绵阳市境在经济发展的基础上，文化教育也得到发展，在经学、文学、科技、建筑、艺术等方面取得了显著成就。一些县兴办学校，同时私人授经讲学的风气也很盛行，还有不少人，不远千里，外出拜师，学习儒家经典。教育的发展促进了人才的培养，出现如郪县（今三台）人王涣，梓潼人景鸾、李业，涪县人李譔等出色人物。

3 隋代始称绵州

三国两晋南北朝时期，绵阳经历了 300 多年战乱，先后由蜀汉、西晋、东晋、前秦，南朝的宋、齐、梁，北朝的西魏、北周统治。战火连年不断，政局动荡不安，政区建置变化较大。市境内先后设置过潼州、新州、龙州 3 个州；梓潼、巴西、巴西梓潼、潼川（又称潼州、东川）、北阴平、阴平、新巴、江油、新城（后改为昌城）、始平（先名始平僚，后改为涪城、安城）、西宕渠、北宕渠（后改为盐亭）、高渠等 13 个郡，以及 40 多个县。

589 年，隋朝建立，重新统一了全国。隋文帝为巩固中央集权，整顿地方行政机构，取消郡一级建制，省并州县。585 年，改潼州为绵州（因城市紧靠龙门山支脉绵山，故定名为绵州），以后沿用了 1000 多年。唐朝时的绵州又名巴西郡，习惯上连称绵州巴西郡，管辖巴西（今属游仙、涪城区）、魏城（今属游仙区）、盐泉（今属游仙区和三台县的一部分）、昌隆（唐玄宗即位后为避讳改为昌明，五代时又改名彰明，今江油市南部）、西昌（今安县花荄）、龙安（今安县北部）、神泉（今安县南部塔水一带）、罗江（今属德阳市）等县，属剑南道。当时的绵州城在涪江东岸开元场一带，州（郡）、县（巴西县）两级行政机构均设在绵州城。安史之乱发生后，唐肃宗将剑南道分为东、西两道。将梓州（三台）作为剑南东道节度使的驻节之地，管辖川中与川南的一部分。宋代设益州、梓州、利州、夔州四路（简称四川）。绵州、石泉（今北川）属益州路，郪县、盐亭属梓州路，梓潼、江油属利州路。梓州成为川中、川南的政治、经济、文化中心，水陆交通要冲，与成都平起平坐，成为名副其实的"川老二"。

从隋到南宋的 6 个多世纪，绵阳基本处于和平安定的环境，虽发生过战乱，但时间短，破坏性不大。几次中原大乱时，绵阳都成为避难地。在这样的环境中，绵阳迎来了历史上经济文化发展的第二个高峰时期。

唐宋时期，绵州的农业十分发达，在涪江、安昌江沿岸修建了多处渠堰，耕地面积进一步扩大，形成以自流灌溉为基础的、稳产的水田稻作区。农业生产技术有很大提高，水稻改直播为育秧移栽，水旱轮作的两熟制已经形成，绵州成为川中著名的粮仓之一。经济作物也有较大发展，茶叶、附子驰名国内外。绵州"昌明兽目"在全国八大名茶中居于第二位，不仅受皇亲国戚、文人学士、文武百官的喜爱，还销往少数民族地区，进入了吐蕃贵族的宝帐。绵州附子不论产量、质量都居全国之最。唐、宋时期绵州的丝织业很发达。锦、绫、绢是绵州贡品，绵州的绯红锦，闻名全川，不仅色彩鲜艳，图案也很绚丽，可以和成都的锦相媲美，行销于海内外。梓州的绢也闻名全国。在江油市的九岭乡和方水乡的古瓷窑中，发掘出大量的瓷器标本，它们大多是唐代烧造的。这些瓷器，胎质细腻，质地坚硬，釉色精美，可以与当时全国著名的浙江越窑的青瓷相媲美。绵州的井盐业到唐代进一步发展，产量增加，不仅供本地食用，还大量销往外地。到宋代，绵州的井盐业发展更为迅速，年产盐达 14 万公斤。采盐技术取得了飞跃式的发展，碗口大的、深达百米的卓筒井代替了又大又浅的盐井。这种用圆刃铁锉打深井的技术，比西方国家早了 800 多年。

唐宋时期，绵阳商业繁荣、交通发达。邓艾伐蜀后开辟的阴平道，到唐宋时期已成为川中到甘陕的重要交通线，这条路在绵州，与金牛道会合。绵州通往扶州（九寨沟县）、松州（松潘）、茂州（茂县）等山区的道路都打通了，绵州成为川西北交通要冲。绵州城区比汉代有所扩大，唐高宗显庆年间（656～661），越王李贞（唐太宗第八个儿子）任绵州刺史，修筑城墙，扩大城区，绵州城突破了芙蓉溪两岸的狭小范围，向西南涪江与安昌江的交汇处发展。他还下令修建了宏伟的越王楼。后来不少文人墨客游越王楼并为其题诗。宋代绵州城又几次扩建加固。北宋真宗时，绵州推官欧阳修之父欧阳观主持修筑城墙。南宋时，绵州刺史史祁、程德隆先后筑城，城周长约 4 公里，城内面积约达 1.3 平方公里。

绵州在唐宋时期文化教育十分发达。州县两级都办有学校，并培养了不少人才。唐宋时绵州培养出 65 个进士，其中有不少杰出人才，如绵州盐泉县（今属游仙区玉河乡）的苏氏家族出了状元苏易简，他在文学、史学及科技方面都有著作留传至今，他的孙子苏舜钦是北宋文学革新运动的先驱者，提倡生动活泼、瑰奇豪放的文风；盐亭的文同中进士后，做过州官，是北宋著名的诗人、书画大师，以画竹著称，开创了"湖州画派"，影响画坛数百年；北宋文坛领袖、文学革新的旗手欧阳修，出生于绵州。没有走科举道路的，也有很多杰出人才，如在彰明县青莲乡（距绵阳城 20 公里）出生的唐代诗坛泰斗李白就是绵州这块文化沃土孕育出的奇才。李白的老师赵蕤是盐亭人，进步思想家，他以"一必有二"的辩证观点，分析评论诸子百家学说及各朝代的成败得失，其著作《长短经》现今已出版几十个版本。

4 直隶绵州

1236 年，蒙古军队突破川北防线，进入绵阳境内，从此拉开了长达近半个世纪的蒙（元）宋战争，经过反反复复的拉锯战，直到 1276 年绵阳市境内最后一支抗元武装——平武土司归顺元朝，战事才告一段落。在反复的长期战乱中，不少州县城被摧毁。元朝统治者在州治所不再设县。巴西、魏城、盐泉三县裁撤，并入绵州直辖。彰明、罗江两县也属绵州管辖。在三台设潼川府，为四川行省直辖，下辖郪、盐亭、中江、射洪四县与绵州、遂宁二州。梓潼县属广元路剑州管辖。平武、江油属广元路龙州管辖。安县、北川属广元路安州管辖。

明清时期，政区建置逐渐稳定，形成绵阳市境中部以今绵阳城区为治地的绵州，东南部以三台县城为治地的梓州——潼川府，西北部以江油、平武两县为中心的龙州——龙安府三个政权建置中心。清雍正五年（1727），绵州升为直隶州，下辖安县、绵竹、德阳、梓潼、罗江五县。直隶绵州治在涪江东岸。康熙三十一年（1692）洪水暴涨，导致江水改道，冲毁州城2/3的面积，东、北二城门成为泽国，仅存1/3的残破城垣于涪江西岸。乾隆三十二年（1767）涪江再次暴涨，仅存的城区再次被冲刷。州治只得迁到罗江县，直到嘉庆七年（1802）才迁回。从此，绵州城的中心一直在涪江西岸与安昌江交汇的半岛上。

元明清时期，绵阳经历了曲折艰难的发展过程。宋末元初毁灭性战乱造成人口锐减90%，昔日繁荣的城镇，变为浸透鲜血的瓦砾场，到处是一片荒凉残破的惨景。忽必烈在位时虽采取了一些恢复经济的措施，但残酷的阶级压迫和民族压迫，使人民喘不过气来，经济始终未恢复到南宋时期的水平。元末农民起义领袖明玉珍，在四川建立了大夏政权，实行减轻赋役负担的政策，并从湖北一带迁进移民，绵州经济才有了一定的恢复。

1372年，明王朝开始统治四川。明朝前期，统治者实行休养生息政策，社会比较安定，经济得到一定程度的恢复和发展。中期以后，明朝政治腐败，社会矛盾尖锐，不断爆发起义，绵州北川的羌族起义，绵延十余年。明朝后期，政治更加腐败，民不聊生，民族矛盾和阶级矛盾日益尖锐，爆发了全国农民大起义。李自成、张献忠率领的起义军，多次转战绵州境内。1646 年，清军攻入四川，张献忠阵亡。绵州人民坚持进行抗清斗争，在深山老林中与清军周旋，一直到 1680 年吴三桂叛乱被平息，反清义军才被镇压。在这长达半个世纪的时间内，明军、清军、吴三桂叛军烧杀抢掠，无恶不作。李自成，尤其是张献忠几度屠城清乡，在天府之国制造无人区。据清朝初年人口统计，整个四川才 8 万多人。绵州人口减少了 98%，江油县上户口册的成年人只有 24 个。绵州城又一次被摧毁。清初的绵州城是："济济数万家，一旦化荆榛，狼狐白日走，鬼魅哭城堙。"（费密：《北征》）

清初统治者大力鼓励移民垦荒，掀起了"湖广填四川"的热潮，来自湖北、湖南、两广、福建等省的移民，大量迁入富饶肥美的绵州境内。19 世纪初，绵州境内各县的人口共有 1317090 人，占四川省人口的 6.3%。新来的移民，在和平安定的社会环境中辛勤劳作，使绵州的经济得到恢复和发展，形成了绵阳历史上经济发展的第三个高峰时期。

在农业方面，垦田面积增加很快。绵州在雍正十二年（1734）为 6456 顷，嘉庆元年（1796）为 7974 顷，62 年间增长了 23.5%。清代在绵州境内兴建了 36 处渠堰，灌溉良田约 10 万亩（约 7000 公顷）。绵州、三台的惠泽堰、永成堰，梓潼的宏仁堰，江油的龙门堰、白鱼堰、女儿堰、六合堰、雷鸣堰等水利工程，至今还在发挥作用。由于水利兴修，许多旱地改为水田，扩大了水稻种植面积。省外移民还带来了先进生产技术和新的农作物品种，如清康熙年间，福建两广的移民带来了原产美洲的玉米种子及种植技术，乾隆年间又传入番薯（红苕），嘉庆年间再传入马铃薯（洋芋）。这些旱地高产作物，很快在平坝、丘陵和山区普及，成为农民的重要口粮。山东移民引进了柞蚕，生产柞蚕丝，为农民增加了副业收入。康熙四十六年（1707），绵州要求各地做到五亩之田植桑 2 株，百亩之田植桑 40 株，植桑养蚕蔚然成风。棉花从元代传入四川，到清代已经在绵州普遍种植，并成为主要的经济作物。茶叶生产进一步扩大，仅安县每年运出的茶叶就达 60 万千克。绵州的麦冬，彰明的附子、蓝靛，梓潼的桔梗，安县的枣皮，产量大且质优，闻名全国，行销国内外。光绪年间，绵州运往重庆、上海的麦冬达 100 余万公斤。绵阳的农业生产水平，在清代中期已经超过了前代的发展水平。

清代中期，绵州的手工业十分发达。随着棉花生产的普及，棉纺织业发展起来，在农村几乎家家户户都在纺纱织布。绵州的井盐生产，达到了历史最高水平。嘉庆年间，呈报官府的盐井数达 623 眼，未报官府的私井，还有很多。每年官府准许外销的盐就达 75 万千克，绵州是四川三大产盐中心之一。

绵州的矿产业在清代中期有了很大的发展。金、铜、铁、煤、铅、锡、硝石都有开采。江油的老君山、雁门坝、观雾山等地，都有开矿和冶铁的工场。有的工场雇工达百人以上，生产的铧、锅等产品，行销川北各地。硝石是制火药的主要原

料。江油的许多溶洞都产硝石，用其制成的火药由政府统一支
配，用于战争和开矿。老君山的朝阳洞是重要的硝石产地，从
元至清，数百年间都在这里开采。洞中有一座可容数百人开
采、熬制、提取硝石的工场遗址，至今保留完整。这也是全国
最大的古代采硝石的矿场遗址，已被列为全国重点文物保护单
位。安县雎水、擂鼓的采煤业，在康乾时期盛极一时，开采和
运输煤炭的工人，多达千人。

绵州的酿造业也很发达，中坝酱油、三台豆豉、丰谷烧酒
在清代时就已出名，现已成为绵阳的名优传统产品。

绵州的交通经康熙、雍正、乾隆三代的经营，重新发展起
来，金牛道、阴平道上的驿站、铺司设备完善，设有驿丞、驿
卒、杠夫、马夫，并提供食宿和车马，以方便公私行人。清代
的水路交通也比较繁荣，那时涪江、安昌江都可通行木船，上
可达平武南坝、安县安昌，下可直通重庆。

经历洪灾而重建后的绵州，仍是川西北繁荣的商业城市。
每年春夏之交，麦冬上市，新丝出缫，市场格外热闹。在绵
州、潼川、中坝等城市周围兴起的一些乡场，对促进城乡商品
交流起到了很大的作用。

由于元朝残暴统治，绵州在文化上取得的成就较少。整个
元代，绵州没出过一名进士。明代绵州文化教育才得以恢复发
展。唐宋时期建立的学校毁于战火，明初又得到重建。明代绵
州出了 27 名进士，其中有些还做了朝廷重臣，颇有政绩，有
的在学术上有一定成就，如明代的"绵州三金"和"绵州三
高"都很有名。金献民做过刑部尚书、兵部尚书，金皋做过

东宫日讲、翰林检讨。由于他们刚正不阿，敢于直言进谏，得罪了皇帝而被罢官，回故里后，他们以诗文自娱，对促进绵州的文化事业的发展做出了贡献。

清初的大移民，不仅使绵阳人的血统发生大变化，文化结构和人文环境也发生了变化，出现了东西南北文化的大交流、大融合，绵阳文化再现繁荣。清代绵州学校数量比明代大大增加，除州、县两级有正规官办学堂外，还有大量进行启蒙教育的义学、私塾，较高层次的书院。书院的学术氛围较浓，不仅学儒家经典、练八股文，还要学习历史、文学、法律等方面内容。清代有著名的"绵州三李"，即李调元及其堂弟李鼎元、李骥元，其中，李调元是乾隆时代的著名"才子"，与江南的袁枚齐名。

5　民国时期的绵阳县

辛亥革命推翻了清王朝。1913 年，绵州的州治取消，降为县，因城市地处绵山之南，按"山南水北"为"阳"的古义，故改名绵阳县，辖区相当于今涪城、游仙区。1918 年，四川省实行防区制，今绵阳市境为国民革命军第二十九军驻防区。1935 年，蒋介石"统一川政"，推行行政督察区制，今绵阳市境分属四川省第十二、第十三、第十四行政督察区。其中，三台、盐亭属第十二行政督察区；第十三行政督察区专员公署设绵阳县城，督察绵阳、安县和梓潼三个县；江油、彰明、平武、北川属第十四行政督察区。1948 年，第十三督察区扩大，督察绵阳、安县、绵竹、德阳、梓潼、罗江、广汉、什邡、金堂、彰明 10 县。

1840 年鸦片战争后，中国开始一步步沦为半殖民地半封建社会。绵阳虽不靠海沿边，但外国侵略者带来的灾难仍然降临在绵阳人民的头上，腐败无能的清政府将不平等条约中的巨额赔款转嫁给人民。据《绵阳县志》记载：嘉庆十七年（1812）绵州征收地丁银 8297 两；光绪二十六年（1900），各项赋税添派为 19500 两，增加了 1 倍多。不仅如此，清政府还将镇压太平天国起义的军费转嫁到人民头上，随粮附征津贴，每征粮一两加一两，不足复劝民捐输，加银 29000 两。宣统二年（1910）每征田赋银 1 两，再加新捐、津贴、捐输、奉派常捐等，共 9.354 万两银，也就是说清末农民的负担是鸦片战争前的 9 倍多。由于鸦片泛滥，白银外流，银贵谷贱，再加上各种苛捐杂税名目繁多，各级官吏借收人民苛捐杂税敲诈勒索，因此民不聊生。

鸦片战争后，绵州逐步失去昔日的辉煌，日益走向衰落和萧条。物产丰饶的绵州，成为帝国主义进行经济侵略的重要目标之一。他们一方面向这里大量倾销商品，另一方面大肆掠夺农副产品和其他原料。1904 年，绵州市场上销售洋纱 89.5 万千克之多，使绵州棉花生产和传统的棉纺织手工业受到了致命的打击，而输出的农副产品和其他原料价格压得很低，迫使不少人破产失业。由于重庆开为通商口岸，出川主要靠长江水道，而绵州失去出川的要道之地位，成为仅有 1 万多人口的小城镇。

帝国主义的文化侵略深入绵阳境内。1862 年，法国传教士进入老山区北川片口传教，19 世纪末 20 世纪初，绵阳成为川西北教区的中心，外国教堂在绵阳境内各县都已修建。教堂的传教士勾结官府和恶霸地主，抢占土地、房屋，放高利贷，为非作歹，欺压百姓。

辛亥革命虽然推翻了清王朝，但是原来的封建官吏仍然骑在人民头上作威作福。民国时期，封建军阀割据一方，在他们的"防区"内掌握一切军、政、财权，由他们委任官吏，任意征收捐税，随意判案杀人，一个防区就是一个独立王国。军阀们横征暴敛，苛捐杂税多如牛毛，活人要交"人头捐"，过路要交"过路捐"，煮饭要交"灶台捐"，妓女要交"烟花捐"，甚至讨饭的乞丐要交"花子捐"。据不完全统计，1934 年绵阳境内有 189 种捐。当时还实行"田赋预征"。1918 年，驻绵阳的军阀除收本年田赋外，又预征下一年的田赋，开四川"田赋预征"之先例。从此，年年累计预征。1931 年，绵阳的田赋已预征到 1977 年。横征暴敛逼迫人民妻离子散，流离失所。军阀为争夺地盘而不断混战。1918～1935 年，绵阳境内几乎年年有战争，军阀烧杀抢劫，无恶不作，所到之处一片废墟，人民流离失所。1925 年 2 月，军阀杨森的军队攻进绵阳城，借口搜捕残敌，抢劫三日。打了败仗的军阀部队上山为匪，实际上，兵匪一家，他们不仅拦路抢劫，还洗劫场镇，社会秩序极端混乱。

1935 年后，蒋介石"统一川政"，虽取消防区，停止田赋预征，但苛捐杂税有增无减。据 1947 年绵阳、彰明等县统计，各种捐税达 379 种，蒋介石为打内战，强行抓丁，青壮年不是被送上战场，就是四处逃亡，严重影响了农业生产的发展。国民党统治时期，为掠夺人民财富，滥发货币，引起物价飞涨，仅 1949 年一年，大米价格就涨了近 10 万倍。

6 从绵阳专区到绵阳市

1949 年 12 月下旬，中国人民解放军先后解放了绵阳市境内各县，历史翻开了崭新的一页。1950 年 1 月 20 日，以绵阳县为治地建绵阳专区，仍辖民国时期的 10 县。1953 年 3 月 10 日，撤广元专区，绵阳专区划入广元、昭化、剑阁、青川、平武、北川、江油、旺苍 8 县，辖 18 县；1953 年 7 月 4 日，划出广汉、什邡、金堂 3 县，辖 15 县；1958 年 10 月 18 日，并入原遂宁专区遂宁、蓬溪、潼南、中江、三台、射洪、盐亭 7 县，辖 21 县（此前江油、彰明二县于 1958 年 9 月 5 日已合并）。1959 年 3 月 22 日，昭化、罗江 2 县撤销，分别并入广元县和德阳县，专区辖 19 县。1968 年 7 月 8 日，改专区设地区。1976 年 2 月 4 日，因分绵阳县筹建绵阳县级市，地区辖 19 县 1 市。1977 年 9 月 24 日，潼南县划出，地区辖 18 县 1 市；1978 年 4 月 25 日，绵阳县并入绵阳市（县级），地区辖 17 县 1 市。1983 年 8 月 18 日，分绵阳地区建德阳市，德阳、绵竹、中江 3 县划出；1985 年 2 月 8 日，绵阳地区撤销，分别建立绵阳、广元、遂宁三市。绵阳市辖 7 县 1 区（原绵阳市改置为市中区）。1988 年 2 月 24 日江油县级市建立，绵阳市辖 6 县 1 市

1 区。1992 年 10 月，撤销绵阳市市中区，分设涪城、游仙两区。2002 年绵阳市辖涪城、游仙 2 区，三台、安县、梓潼、盐亭、北川、平武 6 县，代管江油市和四川省政府科学城办事处，直辖绵阳高新技术产业开发区、科教创业园区、经济技术开发区、科技城现代农业科技示范区。

新中国成立后，绵阳经过"清匪、反霸、减租、退押"和"土改""镇压反革命运动"，对封建势力进行了较为彻底的清算，延续几千年的封建文化也从根本上被动摇和扬弃。同时国民经济很快得到恢复。到 1952 年，工农业生产已达到且超过 1949 年的发展水平，绵阳城逐渐恢复生机，又开始出现了水陆畅通、市场繁荣的景象。特别是 1953 年 10 月宝成铁路通车后，绵阳城作为川西北水陆交通枢纽和最大商贸市场的地位得到进一步巩固和发展。从 1953 年国民经济第一个五年计划开始，绵阳的经济得到较快发展，国家开始在绵阳定点建设电子和丝绸等重点企业，现代工业开始在绵阳国民经济中占据重要地位。1964 年"三线建设"开始后，绵阳形成了一个电子工业群体，绵阳开始有了新兴电子工业城的美誉。"三线建设"还包括在绵阳设置的一批物理、化学、电子磁学、气动力等高科技的科研设计机构，这些使绵阳成为全国重要的高科技研究基地，获得了"中国西部科学城"的美誉。

1966 年开始的"文化大革命"给绵阳带来了灾难，社会秩序严重混乱，经济遭到破坏，文化教育蒙受严重损失。"文革"前虽然绵阳作为中国西部电子城、科学城的地位已经确立，但并没有发挥其应有的作用，在国内外并没有产生较大的影响力。

1985年2月8日，经国务院批准，绵阳地区撤销，分别建立绵阳、广元、遂宁三个地级市。改革开放三十多年来，绵阳市的国民经济突飞猛进。绵阳市现已成为有较强经济实力，以电子工业为龙头，以高科技为指导的功能比较齐全的社会主义新型城市，是驰名国内外的中国西部的新兴科学电子城，也是川西北新型水陆交通枢纽的最大商贸城市。在重庆市成为直辖市以后，绵阳市已上升为四川第二大城市。

三　史海钩沉

1　蜀汉兴亡在涪城

东汉末年，军阀混战，民不聊生。统治巴蜀的是刘璋，此人懦弱昏庸，不孚众望。北方的张鲁、曹操都想吞并巴蜀。刘璋的部下张松、法正希望刘备取代昏庸的刘璋，建议请刘备入川，对付张鲁和曹操。刘璋不听群臣劝阻，接受了他们的建议。

211年，刘备留诸葛亮、关羽镇守荆州，带军师庞统，将军黄忠、魏延，率军数万，沿长江、嘉陵江、涪江，进军涪县城（今绵阳城区芙蓉汉城）人马驻扎在涪县城郊东山一带。

刘璋听说刘备到了涪县，就率领步骑3万多人，到涪县迎接。刘备与刘璋二人在涪县城相会，称兄道弟，十分亲热，天天饮酒宴会，欢聚三个多月。有一天，筵席设在东山之上，二刘登高饮酒，非常高兴。刘备见东山之下，田野肥美，庄稼茂盛，涪县城内，熙熙攘攘，好一派富庶繁荣的景象，不禁叹道："富哉！今日之乐乎！"后人因此改东山为富乐山，绵阳也有了"富乐之乡"的美誉。

刘璋要刘备出兵去北边打张鲁，并把白水关（今广元市青川县沙州乡境）守将高沛、杨怀所部划归刘备指挥。刘备便率军进驻葭萌关（今广元市昭化镇）。

刘备到葭萌以后，并未继续北上去打张鲁，而是在驻地练兵习武，积草屯粮，并广树恩德，收买民心。经一年时间，刘备站稳了脚跟，便实施夺取益州的计划。为了寻找向刘璋进攻的借口，刘备向刘璋写信，说曹操要攻荆州，必须回去救援，请求刘璋支援 1 万军队和粮草等军用物资。刘璋只支援 4000 老弱残兵及一半的粮草。刘备借题发挥，大骂刘璋吝啬，以激怒部下。这时，张松听说刘备要回荆州，信以为真，写信给刘备，劝他不要放弃夺取益州的良机。这封信被刘璋得知，立即杀了张松，并命令各关口守将，不得再与刘备联系。从此二刘"翻脸"。刘备见阴谋已经败露，立即杀了高沛、杨怀，夺取白水关，然后挥师南下，所到之处，势如破竹，直取涪县城，打开了通向成都的门户。

214 年，刘备攻下雒城，然后几路大军合围成都，刘璋看到大势已去，只得开城投降，刘备自领益州牧。

由于蜀汉之兴在涪县，刘备建立蜀汉政权之后对涪县十分重视，他认为涪县的战略地位十分重要，为成都东北的屏障，北出中原的必经之地，所以常派大将镇守。刘备在夺取汉中称王之后，为保障从成都经涪县至汉中这条交通大动脉的畅通无阻，在沿途修建了馆会（相当于接待站），筑起了亭障（哨所、堡垒之类），共 400 余处。涪县就是这条交通要道上的军事重镇和给养补充基地。

刘备死后，诸葛亮北伐，曾把涪县作为他的战略后方，在此扎兵营。234 年，诸葛亮病死于五丈原军营中，临终前推荐蒋琬为继承人。蒋琬受命主持朝政，总结北伐经验教训，改变诸葛亮进军方略，不再以汉中为战略基地，而是以水陆交通发达的涪县为攻防大本营，从东北两面攻防曹魏。242 年，姜维曾率军从汉中移屯涪县。243 年，蒋琬从汉中移屯涪县，涪县成为北伐的指挥中心。

蒋琬住涪城不久，由于身体不好，主动让贤，将"大将军并录尚书事"和"益州牧"的职务让给了精明能干的费祎。在妥善地移交军政大权之后，264 年，蒋琬病逝于涪县，谥为恭侯，遗体被安葬在涪县之西的山上，蒋琬墓至今仍保留在绵阳西山公园。

费祎执政，仍然继续执行诸葛亮、蒋琬的政策，国中安定。253 年，费祎在汉寿（今广元昭化）被魏国假投降过来的郭修刺杀。此后蜀汉由宦官黄皓专权，政治昏暗，民不聊生，怨声载道，国势衰落。此时魏国司马昭专权，趁机派钟会、邓艾灭蜀。这时足智多谋的邓艾向司马昭提出一条攻其不备、出奇制胜的计策："从阴平小道直取涪县城，接着长驱直入，攻取成都。"司马昭命他带领 3 万人马，从阴平（今甘肃文县）出发，翻摩天岭，经 20 多天艰苦跋涉，终于走完 700 里无人区，进抵江油关（今平武县南坝镇）。蜀汉守将马邈整天饮酒作乐，放松防备。魏军突然出现关前，使他惊慌失措。贪生怕死的马邈不听妻子李氏夫人苦苦劝谏，决定开关投降，邓艾轻而易举地占领江油关。

邓艾占领江油关的消息传到成都，使正在寻欢作乐的刘禅大吃一惊，满朝文武惊慌失措，谁也不敢率军前去抵抗，还是诸葛亮的儿子诸葛瞻挺身而出，率军出征，至涪县城防守。邓艾军如下山猛虎，打败了蜀军，攻占了涪县城。诸葛瞻又退至绵竹（今德阳市黄许镇），与邓艾军展开一场恶战，结果诸葛瞻和他 16 岁的儿子诸葛尚双双阵亡，全军覆没。邓艾挥军直逼成都，刘禅不战而降，历时 40 多年的蜀汉政权灭亡。

蜀汉时期，涪县城处于十分重要的战略地位，刘备得蜀先得涪，邓艾陷蜀先陷涪，可见涪县一城系全蜀之存亡，故蜀汉兴亡在涪县。

2 天下诗文越王楼

大唐绵州越王楼是越王李贞任绵州刺史期间（656～661）由其亲自督建，参考了长安、洛阳诸多王府的营造规制，再根据龟山的地形地貌，依山取势，因势建楼。历时三年，楼高十丈。

越王李贞出任绵州刺史时，正值唐蕃关系紧张之时。吐蕃屡次东侵，西南边防吃紧，松州几度被围，剑南诸州受到威胁。唐高宗李治选贤任能，亲点他的八王兄、号称"材王"的越王李贞出任绵州刺史。李贞以亲王之尊，临危受命，坐镇绵州，雄视西南，震慑藩夷，经过一番作为，稳定了唐王朝西南边陲。绵州越王楼就是在这样的背景下修建的。

　　唐时越王楼十分壮观。登上百余级阶梯，进入红色高墙之内，便是越王府，这里是李贞处理政务的地方，实际也是当时的绵州州衙。进入越王府，便是一座大花园，两边建有花台，中间卵石甬道，直通越王楼下。楼高百尺，楼顶压着红色屋脊，脊上饰有龙虎及神兽雕塑，脊下为绿色彩釉屋瓦。大楼四周的栏杆、立柱、板壁均为红色，绘着华丽的图案，展现出一副雍容华贵的皇家气派。踏上楼梯，攀至顶层，可北望剑门，72峰隐约可见；向西可望岷山雪峰；东南则可将绵州美景尽收眼底。尤其是滔滔涪江流经楼下，水面宽约6丈，往来船只如梭，风帆阵阵，江上渔船穿波踏浪，常有大群沙鸥起落、白鹭翻飞，为当时绵州胜景。百年后的唐宝应元年（762）秋，成都少尹徐知道叛变，杜甫避祸寓居绵州，游越王楼后写下《越王楼歌》："绵州州府何磊落，显庆年中越王作。孤城西北起高楼，碧瓦朱甍照城郭。楼下长江百丈清，山头落日半轮明。君王旧迹今人赏，转见千秋万古情。"尽管越王楼的主人李贞后来因起兵反周复唐，被武周政权镇压并抄家灭族，成为钦定几十年的"反革命"，但越王楼作为建筑艺术的珍品、历史文化的载体吸引了千余年来无数著名文人骚客登临并留下著名诗篇150多件，为天下名楼之罕见，由此被誉为"天下诗文第一楼"。在历代名人歌咏越王楼的诗词中，最有名气的当属杜甫、陆游、李调元等的诗作。仅收入《全唐诗》的就有20多篇，其中有整整一卷，共18首，是专门题咏绵州越王楼的诗。这卷诗是杜甫《越王楼歌》问世百年之后，以越王楼为主题的一场赋诗盛会的作品汇集，发起人为唐宣宗大中年间（847~860）的绵州刺史、御史中丞于兴宗。他向全国各地的诗人朋友发信，寄上自己所作的越王楼诗和画，请大家唱和，类似于现代人的诗词笔会，这卷专门颂扬越王楼的唐诗，就是那次诗会的成果。民国《绵阳县志》也专门记载了古代 15 位诗人名宦讴歌越王楼的诗词。

3 诗仙李白耀绵州

在李白的家乡世世代代流传着这样的故事：李白的母亲住青莲乡，有一天在漫波渡浣纱，一尾金色鲤鱼跳入竹篮中，李白之母食后怀孕，后生下了李白。

李白的父亲是一个"高卧云林，不求禄仕"的隐士，有较高的文化修养，他倾注了全部心血培育子女。在他的教导下，李白"五岁诵六甲，十岁观百家"，"十五观奇书，作赋凌相如"。李白的故乡还流传着许多关于李白刻苦学习的故事，如"铁杵磨针"，是说少年李白自恃天资聪敏，贪玩好耍，一位姓武的老婆婆用铁杵磨针来启示他，李白很快领悟到"只要工夫深，铁杵也能磨成绣花针"的道理，从此以坚强的意志，刻苦学习。李白在小匡山（又名读书台，在今江油市让水乡）读书，每晚都要熬夜，烛灯通宵不灭，所以小匡山又叫点灯山。在江油武都镇北的太白洞，也是李白熬夜读书的地方，那里流传着"灯笼洞对太白洞，灯照太白把书诵"的传说。李白在诗歌上取得的辉煌成就，离不开他在青少年时代的勤奋攻读。

李白的家庭并非富商，由于生活所迫，他在 15 岁时就到彰明县衙做了一名小吏，这时已经显露出他的才华出众。无才而又嫉才的彰明县令容不下李白，李白毅然辞去小吏，下决心刻苦攻读，增强本领，"不鸣则已，一鸣惊人"。于是他隐居大匡山，刻苦攻读了整整十年。

他上窦圌山，留下了"樵夫与耕者，出入画屏中"的题句。沿涪江而上，李白去了古江油关（今平武南坝镇），访问了江油县尉，题写了《赠江油县尉》。李白去梓州郪县（今三台县）拜赵蕤为师，学习了一年多的时间。赵蕤教授他《长短经》，传授了整套安邦定国的理论和方略，同时对李白的政治理想和生活道路也产生了深远的影响。后来，李白为实现安邦定国的伟大政治抱负而苦苦奋斗了一生。开元八年（720）冬，礼部尚书苏颋出任益州大都督长史，途经绵州，20 岁的李白带上自己创作的诗赋，拜见这位大官，也是大作家，苏颋热情地接待了李白，看了他的诗赋后夸奖说："此子天才英丽，下笔不休……若广之以学，可以相如比肩也。"这大大地鼓舞了李白的学习和创作热情。李白大约在 20 岁以后还游览了蜀中名胜，上了峨眉山，写下《登峨眉山》；游览成都，留下《登锦城散花楼》。

绵州壮丽的山河陶冶了诗人性情，孕育了诗人瑰丽的诗魂。梓州的赵蕤老师授予他的安邦治国学问，使 25 岁的李白恋恋不舍地告别故乡，告别匡山，"仗剑去国，辞亲远游"。

李白一生虽然在政治上历尽坎坷，未能施展他的政治抱负，但他在诗歌创作上取得了辉煌的成就。他的诗歌有许多描绘和歌颂祖国壮丽山河的诗篇，充满了爱国主义热情，对后代产生了巨大而深远的影响，他被尊崇为"诗仙"。李白流传至今的诗歌约有千首，是中华文化宝库中最瑰丽的珍宝。他的诗歌不仅在国内有多种版本，还被翻译成几十种语言，在一百多个国家流传。

李白离开故乡以后，再没有回来，最后客死当涂（今马鞍山市），归葬青山。

4 欧阳修与绵州

北宋伟大的文学家、史学家、文坛领袖欧阳修，在《醉翁亭记》中自称"庐陵（今江西吉安）欧阳修"，于是不少人认为他是庐陵人，其实庐陵是他的祖籍。而他诞生于绵州城内。他的《七贤画像序》中说："先人为绵州军事推官，某（自称）始生。"根据《欧阳文忠公年谱》记载："宋真宗景德四年（1007）丁未，是岁皇考崇国公观为绵州官事推官，六月二十一日寅时公生。"南宋王象之《舆地纪胜》说：绵州"六一堂在司户厅，旧为推官厅……公（指欧阳修）实生兹地。"这就明确无误地说明欧阳修诞生于绵州。欧阳修的父亲欧阳观在绵州为官三年，克己奉公，清正廉洁，在离开绵州时，只带走了一匹上司奖赏给他的白绢，他用这幅绢画七贤像，寄托了他对深怀仁爱之心、忧国忧民的前代贤人的仰慕之情，七贤像也是欧阳观留给儿子的珍贵遗物，后欧阳修随父母离开绵州，不久，父亲死在泰州任上。四岁的欧阳修，在母亲的教导下成长。欧阳修不仅在文学方面有杰出成就，在历史学、考古学方面也有很大成就，参与撰写了"廿四史"中的《新唐史》《新五代史》。欧阳修逝世后，绵州推官谢固为纪念他，将他出生的房屋命名为"六一堂"，因欧阳修自称"六一居士"，他说："吾家藏书一万卷，集录三代以来遗文一千卷，有琴一张，有棋一局，而常置酒一壶，以吾一翁老于此五物间，是岂不为'六一'乎？"为纪念欧阳修之母教育儿子勤奋学习之事，绵州建立了"画荻坊"。六一堂和画荻坊几经兴废，原址现已无存，今于绵阳南湖公园重修，在"六一堂"立了欧阳修的塑像，表达了绵阳人民对欧阳修的怀念之情。

5　胸有成竹道文同

文同（1018～1079）。又名文与可，去世前在湖州做知州，又称文湖州。他出身贫贱，父、祖均以农为业。12岁时，他去永泰县城卖柴，因柴枝划破了官轿，挨了差役的毒打，从此下定决心读书做官，除去弊政，为民造福。他白天参加劳动，晚上苦读诗书，经常通宵达旦，有时为躲避干扰，钻进石洞，点着火把苦读。他终于在32岁时考中了进士，做过邛州（四川邛崃）、汉州（广汉）通判，普州（安岳）、陵州（今仁寿）、洋州（陕西洋县）的知州，兴元府（陕西汉中）的知府，最后任湖州（今浙江湖州）知州，在去上任的途中去世。

文同做官后，实现了他的誓言，所到之处兴利除弊，为官一任，造福一方，政绩显著，百姓称之为"廉吏""清贫太守"。他留给我们的不仅在政德方面，更重要的是文学艺术方面。苏东坡称赞他有"四绝"："诗一，楚辞二，草书三，画四。"他在世时，画名超过了他的诗名，善画山水、花鸟、人物，尤其长于墨竹，首创画竹叶以浓墨为面，以淡墨为背，不勾勒线条，一笔画成的"莫骨"之法。他为了画好竹，在庭院四周广为栽竹，并经常对竹子进行细致入微的观察，正因为此，他的竹画才达到了出神入化的境界。传说他在家乡太元观照壁上画了一幅竹林图，麻雀信以为真，纷纷飞去，碰壁而落，观者无不惊叹。文同总结艺术创作实践，提出了"胸有成竹"的画竹理论，主张"画竹必先胸有成竹，不能节节叶叶为之"，特别强调创作构思的重要性。文同的画竹理论与实践经验，对绘画艺术产生了重大影响，当时就有不少画家纷纷向他学习，其后学他的人更多，形成了"湖州竹派"，这一画派一直影响至今。他的画竹理论后来被演变为成语"胸有成竹"或"成竹在胸"。

6 状元精研"文房四宝"

宋代绵州状元苏易简，不仅以诗文著称于世，他的《文房四谱》也是一部有价值的科技专著。笔、墨、纸、砚，古称"文房四宝"，是我国古代学习和传播文化科学知识必备的工具，两千多年来它们为创造光辉灿烂的古代文化做出了不可磨灭的贡献。

随着笔、墨、纸、砚生产的发展与提高，我国出现了记载笔、墨生产技术的小册子。苏易简对北宋以前的生产经验进行综合整理，撰写了我国第一部完整系统的关于总结笔、墨、纸、砚的生产历史和制造的专著。《文房四谱》分五卷，第一、第二卷为"笔谱"，第三卷为"墨谱"，第四卷为"纸谱"，第五卷为"砚谱"。各谱体例大致相同，即首先叙事，说明定义、沿革、产地；其次叙述制作技术；再次为"杂说"，讲有关典故、轶闻；最后"辞赋"，汇集了有关赞咏"文房四宝"的诗词歌赋。

"笔谱"集中介绍了北宋以前各地各家造笔的先进经验和技术，如蒙恬造狐狸毛笔法，韦仲将《笔墨方》记造兔羊毫法，王羲之《笔经》记赵国兔毫法，蜀中石鼠毛笔法……不仅描述了造笔的工艺流程，还叙述了兔、羊的生长规律与皮毛特征。"墨谱"集中介绍了韦仲将、李廷圭等各家制墨经验，其中涉及不少关于化学、染色和药物学的知识。"纸谱"介绍了全国各地各种名贵纸张的制造技术，对四川出产的鲜艳的十色彩笺的制造工艺记载尤详，反映了当时我国造纸工艺的新水平。"砚谱"集中介绍了北宋以前各地名砚的研制经验，如端砚、歙砚、澄泥砚、青州石砚、绛州石砚等，还指出这些砚的选石和琢制方法。"砚谱"对端溪石、龙尾石等数十种岩石的外形、色泽、坚硬度、韧性、渗透性、脉理、结构、冷热适应能力等性能特征进行了详细介绍，这不仅对石砚生产有重要指导意义，也是研究古代矿物学的重要资料。"砚谱"中提到的澄泥砚，是一种陶制品，可与石砚相媲美，可以说，它是我国人造石的萌芽，是我国古代制陶技术的重大革新。"杂说"记载了两个颇有意义的发明创造，一个是后晋末年（约946），汝州一位高士发明了自动售笔机，在竹筒内装发机，购笔人投30钱于筒中，即可弹出笔一支，每日筒装笔10支，售完为止，这种无人自动售货机，西方现代才有，而我国在一千多年以前就有了；另一个是后晋时一位补砚能手李处士，他发明了一种黏合剂，哪怕"砚至百碎者"，只要经他粘贴、修复就"如新琢成"，可惜这种强力黏合剂的配方早已失传。《文房四谱》不仅对笔、墨、纸、砚的生产有指导意义，而且能提供大量的令人深思的自然科学知识，确系一部极有价值的科技专著，对我国"文房四宝"生产的发展和文化的繁荣产生了积极的影响。

7　邓文原为民雪冤

宋元之际的绵州籍人邓文原（1257～1328），一生在江浙为官，晚年曾任国子祭酒。《元史》中记载他为"内严而外恕，家贫而行廉"。

1318年，61岁的邓文原曾先后出任江南浙西、江东两道的肃政廉访司事，负责巡察所属20多个州县的吏治。由于他深入实际，悉心查访，三年多时间纠正了多起冤案，老百姓把他当作神来敬奉。

吴兴县（今湖州市）发生一案，有一个人晚上摸黑回家，巡夜的官兵碰到后，不问青红皂白就把他抓起来，并捆在路边亭子下。这个人努力挣脱，欲逃跑，被巡夜的官兵发现后追了上去，并从后面狠狠地捅了一刀。天亮后，家人终于找到了他，抬回家时，他已经奄奄待毙。他哥问："杀你的人长什么样子？"他说：一个戴白帽……穿黑衣……高个子。他哥哥马上跑去衙门报案。经查，那晚第一班巡夜的名叫张福儿。衙门马上把张福儿抓来，屈打成招，判刑三年。邓文原复查这个案子时，发现两处疑点：一是张福儿身高才五尺多（按宋、元时 1 尺折合 0.3072 米），不算高个子；二是张福儿是个左撇子，应伤在左肋，而死者伤在右肋。这个案子经他重新审理，终于查出真凶，当场释放了张福儿。

桐庐县也发生一起大案，差点被当成一般的案件处理。这个县有个叫戴汝维的，家里被盗，窃贼已经被抓获，即将结案，不料戴家的房子晚上又被人一把火烧掉，戴本人也失踪了。邓文原把两件事联系起来分析，认为案子不能简单下结论。他经过细心勘查，最后查清是戴汝维的老婆、弟弟合谋杀死了他，并在井边一棵树下找到了他的尸体和作案凶器——一把沾满血迹的斧头，案件到此真相大白。

邓文原卒于 1328 年，寿七十一。一生著有文集数卷，藏于家中，故死后追谥"文肃"——谓其文章道德之谨慎、严肃也。

8　王玺蒙冤报恩寺

王玺（1405～1452），字廷璋，平武王姓土司第十代继承人。其父王思民官至龙州判官，1428 年，王玺袭任龙州判官之职。

1433 年，松潘、茂汶、叠溪一带发生少数民族叛乱，王玺带兵征剿，杀死叛乱头目，平息事态，立下战功。次年，明王朝派锦衣卫百户张善专程赶赴龙州，宣布朝廷的决定，升龙州为龙州宣抚司，王玺由判官出任宣抚司佥事。史载王玺袭职以后，政绩表现在三个方面：一是"辟东南堡栈"，发展交通，方便了龙州与内地的往来；二是"劝民开垦，民始丰饶"；三是"为郡兴学校，聘硕儒鲁卓吾先生，涵育人才"。

王玺还主持修建了平武报恩寺。他修建报恩寺的主要原因是想以实际行动报效皇恩，"辅行王化"，"祝延圣寿"，直接用途是"安放佛经"。报恩寺于明正统五年（1440）动工修建，1452 年王玺去世后，他的儿子王鉴袭职，继续主持修建工作。1469 年，报恩寺竣工，全寺占地面积 2.1 万多平方米，建筑面积为 3518 平方米，建筑材料采用清一色的楠木，质地坚固，色泽古朴，芳香四溢，不仅可避蛀虫、蜘蛛、扬尘，而且具有很强的抗震能力。报恩寺是我国古建筑工程史上的一大奇迹。

为建报恩寺，王玺捐出了自家的菜地和皇帝赏赐的四万两白银，父子两代更是花费 20 多年时间才将报恩寺建成并装修完工。皇帝也曾有喻旨："既是土官，不违例，准他这遭。"可见报恩寺的创建既不违礼，也不违法；王玺本人可谓功不可没，利在千秋。

王姓土司在平武共传 32 代，历 730 年，于 1956 年民主改革时才被废除。如今土司的后裔遍布平武各地，尽职守分，安居乐业。

9 乾隆年间才子李调元

1734 年，李调元出生在安县宝林乡（当时属罗江县），从小就在他父亲李化楠的教导下，以李白为榜样，以"铁杵磨针"的精神刻苦攻读。他六岁时能对楹联，七岁时能吟诗，十一岁就有了自己的第一本诗集《幼学草》，可见，他聪颖过人，才华非凡。后来他考中了进士，先后被授任翰林院庶吉士、考功司员外郎、广东学政、直隶通永道道员等官职。他为人耿直，不畏权势，做官清廉，刚正不阿，不善迎合上意，因此得罪了权贵。1782 年他被诬陷入狱，在流放新疆途中以钱赎罪，改"流放"为"削职为民"。51 岁时他回到家乡，潜心研学，著书立说，吟诗写剧本，为后世留下了极其宝贵的精神财富。

李调元编著的大型丛书《函海》，共 40 函 852 卷，其中收集了两晋至元明时期四川文人的罕见文本，包括他自己的诗文剧作《童山诗集》《童山文集》等。《函海》内容十分丰富，包括文学、历史、地理、考古、音韵、语言、农学、民俗学、书法、绘画、医药、烹饪等方面的研究成果，为研究古代巴蜀文化提供了非常珍贵的资料。

10 孙桐生倾家刻印《红楼梦》

孙桐生，字筱峰，1824 年 3 月 2 日出生于红星街孙家巷一个官僚地主家庭。孙家有田 200 余亩，祖上几代人都做过官，父亲孙文骅做过黄安县令。孙桐生 28 岁中进士，31 岁开始到湖南任县令，59 岁卸职回乡，62 岁主讲绵州治经书院，80 岁卒于家乡。

孙桐生从小就喜欢读《红楼梦》，认为"其描绘人情，雕刻物态，真能抉肺腑而肖化工"。1866 年孙桐生在北京闲居期间，从一位相交 20 年的老朋友刘铨福那里得到一本《妙复轩评〈石头记〉》的评本。这是一部 30 万字的手抄本，作者署名"太平闲人"。孙桐生一口气读完，觉得评语写得太好了，简直可以与《红楼梦》原作"并传不朽"。他决心让这本评语流传开来，免得再有人污蔑《红楼梦》是"淫书"。于是，他找来一部 1791 年由程伟元等人刊刻的《红楼梦》（程甲本），从 1872 年开始，将"太平闲人"的评语一段一段分开，对照原文，将评语亲自抄写在所评的段落字句行间。他每天坚持抄写四五篇，花了五年多的时间，直到 1876 年 11 月 20 日才完成，终于"成此一种大观"。

他虽然把书抄好了，但没有钱来刻印。孙桐生为官一生，十分清贫，"家境日蹙"，"用度愈形拮据"，以至于他的夫人奚韵芬嫁给他 23 年，过 40 岁生日时还穿着出嫁时的衣裳。尽管这样穷，他还是不惜一切代价要把书刻印出来。他拿出了自己的俸银，典当了家中大部分田产，还是不够，又和夫人商量，把全部首饰当了出去，才勉强凑够，终于在 1881 年书由湖南卧云山馆刻印出来了。他主持刻印的这部书名为《绣像石头记红楼梦》，共一百二十回。他亲自写了序、跋，还附有

20 幅人物画像。他的后人所珍藏的此部书，现存于绵阳市图书馆。

1927 年，胡适意外地得到了刘铨福收藏过的抄本，发现刘铨福自己写在上面的一句话："此批本丁卯夏借与绵州孙小峰太守，刻于湖南"，继而又发现孙桐生写在这个抄本上的几十条眉批、侧批，还有签名盖章。这样，孙桐生与《红里梦》的关系，才逐渐引起红学界的注意，由此，孙桐生被尊为"蜀中红学第一人"。

11 李实率众起义

李实（1876～1906），绵阳人，在上海经商时，受民主革命思想影响，于光绪三十二年（1906）加入同盟会，是较早加入同盟会的四川人，后被派回川北从事革命活动。他变卖家产作为革命活动经费，先后在绵州、梓潼、安县、罗江、平武、北川、彰明、江油等县及保宁（今阆中）、顺庆（今南充）等地开展革命活动，宣传孙中山的革命思想，联络革命志士数百人，并定于 1906 年 9 月在江油发动起义。因走漏消息，四川总督锡良提前派兵镇压，李实率众仓促应战，兵败，从江油向东撤往剑州，又遭官兵阻击，再转战至南部小圆山，得到在光木山的义和团余部何如道、达兴武、马少武等的有力支持。10 月初，兵分两路，攻占剑阁县元山、演圣、金仙等场镇。10 月 27 日，义军又北上攻占了广坪、白龙等乡镇。锡良派来重兵镇压，兵分两路，南北夹击。李实、何如道、达兴武将义军退至广坪坚守，血战数日，李实壮烈牺牲。何如道、达兴武突围，后被捕英勇就义。

李实起义是四川同盟会发动的第一次武装起义，在同盟会四川分会正式成立之前，就在四川打响了反对清政府的第一枪，直接承接了义和团运动，将农民自发的盲目排外的群众运动纳入资产阶级民主革命范畴，揭开了辛亥革命四川武装斗争的序幕。

12 凌阆奇袭江油城

凌阆（1872～1911），江油市双河乡人，自小苦读诗书，品学兼优。1906 年，凌阆被聘为江油高等小学堂师范班文史教员。他以爱国兴邦为己任，常在学生中谈古论今，抨击清王朝的腐败，揭露列强的侵华罪行，希望学生奋起抗争，挽救国家危亡。他还著有《历朝事略》十余卷，并以此作为教授学生的教材。凌阆在做江油高等小学堂教员期间，加入同盟会会员刘绳初（江油武都人）领导的川西国民社。他秘密联络唐槐、傅杰等会党首领和在金光洞的红灯教首领何銮，又在龙安府衙、江油县衙的吏员士兵中秘密联络志同道合的人，准备武装起义。

为了宣传革命思想，发动群众，凌阆和刘绳初以"大汉革命排满光复军司令官"的名义，于1908 年11 月发布《讨清檄文》，秘密传播。清宣统三年（1911）夏秋之际，四川保路运动风起云涌，各地纷纷成立保路同志会，反对清政府将川汉铁路收归国有，并出卖铁路建筑权给列强，揭露清政府侵吞由四川人民筹集的川汉铁路股金的罪行。凌闿回到家乡江油双河乡，以办团练为名，联络会党，组织起义队伍。各乡镇聚集而来的起义军和以何銮为首的红灯教农民起义军共 2000 多人，会合于双河乡。1911 年 11 月 19 日，凌闿在双河乡文风楼上正式宣布起义，并杀鸡祭旗，歃血为盟，宣誓推翻清政府。凌闿决定里应外合，夜袭县城（也是龙安知府驻节地）。当天黑之时，起义军拿起刀矛、鸟枪等武器，乘着夜色，向江油县城（今武都镇）进军。此时，潜伏在清军中的同志，已将县城三座土炮上的引线子用铁钉钉死，等候凌闿前来攻城。

凌闿率领的起义军在途经阳亭乡兴来寺时，乘当地的地主武装团防队不备，缴其枪械，并杀了作恶多端的团防教官陈海。这时有人跑到县城告密。龙安知府丁体晋、知县陈志哲立即检查县城守备情况，发现三座城门上的土炮的炮眼都被钉死，知有内应，惶恐万状。下令砍断东门外的浮桥，将船只完全集中于西岸。起义军赶到江边，浮桥已断。水深流急，且天气寒冷，起义军事先未准备渡江船只，无法渡江。城中已有准备，偷袭计划无法实现，内应也不敢妄动。双方在涪江两岸对峙至天明。

凌闿隔岸喊话，假称双河乡团练剿灭了一股土匪，已将匪首杀死，抬着陈海的尸体，要求过河献尸请赏。老奸巨猾的丁知府没有上当。一方面派绅士李光斗乘小船过江验尸，虚与义军周旋；另一方面偷偷派一队清兵，由上游浅滩渡河，从后面围抄义军，又用土炮轰击义军。义军两面受敌，处于不利地势。由于义军是刚集合而来，未经严格训练，加之，后勤供应不上，激战一天，腹饥人乏，渐渐支持不住。双河会党首领唐槐带着自己的部下首先逃出包围圈。何銮、傅杰在战斗中英勇牺牲。天将傍晚，官府又派人过来，对凌阗诱降，只要放下武器，可保生命安全。凌阗说："吾头可断，羞与满奴共生也。"残余义军乘夜色突围，向东撤退。凌阗潜伏在阳亭乡地名"一碗水"的一个亲戚家中。清军四处搜捕，凌阗不幸被俘，敌人砍下他的头颅，挂在东门外浮桥上示众。牺牲那天正好是凌阗的 39 岁生日。

13 革命火种传播者——王右木

在绵阳乃至四川，最先接受和宣传马克思主义的是江油武都镇人王右木，他出生在一个城市贫民家庭，目睹辛亥革命后社会的黑暗，身受"三座大山"压迫之苦，决心要寻找一条救国救民之路，于 1914 年东渡日本，阅读了不少关于马克思主义的书，并与李大钊、陈独秀等人结识，开始了从民主主义者向马克思主义者的转变。1919 年回国后，王右木毅然投身于革命洪流之中，他应聘做成都高等师范学校学监，管理学生工作。他以学校为阵地，宣传马克思主义，培养革命力量，特别注重对家乡革命种子的培育。在五四运动高潮时期，四川省的学生领袖张秀熟（平武人）、袁诗荛（盐亭人）分别担任四川省学联正、副理事长，王右木给他们谈五四新文化运动发展的必然趋势，要他们多学习马克思主义，帮助袁诗荛划清马克思主义与无政府主义的界限，摆脱无政府主义的影响。1921
年初，王右木组织了马克思主义读书会，吸收了一批来自绵阳
地区的学生，这些人成为在绵阳地区传播革命火种的骨干。同
年1月，王右木创办了《新四川旬刊》，其宗旨是"为全人类
谋均等幸福"。由于经常揭露军阀罪行，报纸只办了5个月就
被查封。次年2月，王右木又创办了《人声报》，他既是社
长，又是编辑，也是作者。1922年春，王右木在读书会的基
础上，按照《社会主义青年团临时章程》，组织了四川社会
主义青年团，随即领导了震动全川的教育经费独立运动。这
年7月，他到上海，与陈独秀、李达、施存统、俞秀松等党
中央和社会主义青年团总部的负责人会晤。青年团总部委托
王右木在四川正式建立和发展团组织。10月，王右木回川，
先在重庆组建社会主义青年团重庆书记部，后到成都，正式
建立社会主义青年团成都地方委员会。1923年5月1日，四
川省第一个以马克思主义思想为指导的成都工人阶级的群众
组织——成都劳工联合会正式成立。同年春，王右木回家乡
考察后，向党中央提出了"劳工专政必自掌军权始"的主
张。1923年秋，王右木受党中央委派，创建了四川省最早的
党组织——中共成都独立小组，并担任书记，直接受党中央
领导。1924年春，王右木到上海、广州，向党中央汇报工
作。同年秋，从广州返回四川，在贵州土城失踪（可能被军
阀暗害），时年仅38岁。他在巴山蜀水播下了革命火种。他
的学生张秀熟、沙汀、袁诗荛等在绵阳境内建立和发展党组
织，发动群众，进行革命斗争。

14 红军激战千佛山

　　千佛山位于北川、安县交界处，海拔 2900 米，与佛泉山、横梁子等高山连成一片，蜿蜒起伏 60 公里，南面是川西平原，北面是北川峡谷，为川西平原北边的天然屏障。红四方面军为顺利西进，与中央红军会师，必须攻下这块屏障；蒋介石要"围剿"红军，阻止红军西进和南出川西平原，也必须占领千佛山。因此，千佛山成为敌我双方的必争之地。1935 年 5 月 2 日，鸡窝坪－坛子沟战斗，揭开了千佛山战役的序幕。第二天，红军攻下了凉风垭，打开了千佛山一线的突破口，接着攻占了千佛山的制高点。经反复争夺，至 5 月 11 日，红军占领了东起佛泉山、西至横梁子的千佛山全线，北川峡谷以南的全部战略要地，造成南取成都的态势。15 日晚，蒋介石严令四川省"剿共"总司令刘湘攻打千佛山，并限期于 5 月 17 日夺回全线阵地，截断北川峡谷，阻止红军南下西进。川军延迟至 18 日向千佛山发起疯狂的反扑，凭借众多兵力和精良的武器，加上飞机俯冲扫射，气势汹汹，红军凭险据守，拼死抵抗，经过两天两夜的激战，打退了敌人 38 个团的反扑，牢牢地控制了千佛山全线阵地，有力地保证了北川峡谷的畅通。5 月中旬，红四方面军逐步从江油、平武向西撤退，5 月 21 日撤出中坝，又撤去对武都镇的包围。5 月底红一方面军已经强渡大渡河，飞夺泸定桥。红四方面军日夜兼程通过北川峡谷，加速向西进军。在千佛山前线的红军，为掩护后续部队、机关等单位过境，继续坚守阵地，他们发扬了艰苦奋斗的革命精神，不仅和敌人做殊死的搏斗，还要战胜恶劣的气候，克服缺水的困难，住竹棚，穿草鞋。在粮食供应不上时，他们就以野菜、野果、竹笋充饥。一直到 7 月 14 日，坚守阵地的红军完成牵制和掩护任务后，才主动撤离千佛山全线阵地。

千佛山战斗是红军在绵阳市境内继江油战役后的又一次大规模战斗，从 1935 年 5 月初攻打千佛山至 7 月中旬撤离，历时 70 余天，取得了辉煌战果，活捉和击毙敌团长 5 人，歼敌 5000 余人，击溃敌人 23 个团，缴获了大批枪支弹药，牵制敌军 14 万人，粉碎了蒋介石妄想把红四方面军包围歼灭于江油的计划，保障了与中央红军会师的道路的畅通。

15 "死"字旗下的川军出川

抗日战争时期，如火如荼的战局和节节败退的战线牵动着曲山镇一帮青年人的心。四川安县的王建堂投笔从戎，以身许国，在镇里镇外往返奔波，串联组合起百十个具有同样热情、志同道合的年轻人，他们一致请缨杀敌，意志坚决，不可动摇。他们取名为"川西北青年请缨杀敌队"，并一致推举王建堂为队长，向安县（当时曲山镇归安县管辖）县长成云章提出请缨杀敌。县长大喜过望，立即将此事上报，又将这百余名热血青年接来安县，住在大安游艺场（即现在的安县剧场），并将他们自取的队名改为"安县特征义勇队"，纳入县政府的"特征"任务中。

就在王建堂要出发时，王建堂的父亲王者诚从曲山镇寄来一包裹，请邮局转交即将出征的儿子。这包裹首先到了县长成云章的手里，他打开一看，不禁为包裹里的东西感动得热泪盈眶。包裹里是一块大白布做成的旗帜，旗的正中写着一个斗大而苍劲有力的"死"字。

"死"字的左右两侧写着这样的几行小字：

右侧："我不愿你在我近前尽孝；只愿你在民族分上尽忠。"

左侧："国难当头，日寇狰狞。国家兴亡，匹夫有分。本欲服役，奈过年龄。幸吾有子，自觉请缨。赐旗一面，时刻随身。伤时拭血，死后裹身。勇往直前，勿忘本分！父手谕。"

四川军管区给王者诚家里送来一块光荣匾。匾上题字"父义子忠"，上款：义民王者诚送子出征光荣，下款：四川省军管区司令赠。现在，这面大旗早已丧失，在北川县文化馆内仅存有一面根据推测而制作的复制品。

16　"两弹元勋"邓稼先在绵阳

邓稼先（1924～1986），安徽怀宁县人。父亲邓以蛰是著名美学家，曾任清华大学、北京大学教授。抗日战争时期，邓稼先就读于西南联大物理系，1945年毕业后应聘在北京大学物理系任教，1948年夏赴美留学，1950年取得博士学位后，完全可以留在拥有良好工作条件和优厚待遇的美国工作，但他毅然回来建设"一穷二白"的祖国。回国后，他先在北京中国科学院物理研究所工作。1958年，他告别了妻子和一对只有几岁大的儿女，到中国工程物理研究院（以下称"九院"）从事绝密的核武器研制工作，先后任理论部主任、副院长、院长，兼任国防科工委科技委副主任。1959 年，我国决定自己研制核武器，当时正值三年困难时期，条件十分艰苦，科研人员虽有较高的粮食定量，却因缺少油水，仍经常饥肠辘辘。邓稼先从岳父许德珩那里能得到一点粮票的支援，但他都用来买饼干之类，在工作紧张时与同事们分享。就是在这样艰苦的条件下，他们日夜加班。邓稼先主持制定了中国第一颗原子弹理论方案，迈开了中国自力更生研究核武器的第一步。他又参与指导核试验前的爆轰模拟实验。1964 年我国第一颗原子弹爆炸成功后，他又组织科研人员探索氢弹设计原理，选定了最佳技术途径，在 1967 年，我国第一颗氢弹又空爆成功。

1969 年，九院从大西北迁入梓潼山沟。在这里邓稼先领导科研人员致力于新型核武器的研究。他本着对工作极端负责的精神，在最关键、最危险的时候依然出现在第一线。例如，核武器插雷管、铀球加工等生死系于一发的险要时刻，他都站在操作人员身边，既加强了管理，又给作业者以极大的鼓励。一次，航投试验时出现降落伞事故，原子弹坠地被摔裂。邓稼先深知危险，却一个人抢上前去把摔破的原子弹碎片拿到手里仔细检验。身为医学教授的妻子知道他"抱"了摔裂的原子弹，在邓稼先回北京时强拉他去检查，结果发现在他的小便中带有放射性物质，肝脏被损，骨髓里也侵入放射物。随后，邓稼先仍坚持回核试验基地。在步履维艰之时，他坚持要自己去装雷管，并首次以院长的权威向周围的人下命令："你们还年轻，你们不能去!"1985 年，邓稼先到北京参加会议。医生强迫他住院并通知他已患有癌症。他无力地倒在病床上，面对自己妻子以及国防部部长张爱萍的安慰，平静地说："我知道这一天会来的，但没想到它来得这样快。"绵阳人民没有忘记在绵阳这块土地上工作了 10 多年的杰出科学家、"两弹元勋"邓稼先，在绵阳人民公园，为他设了塑像。他在梓潼长卿山脚下的故居，仍保留着他生前的样子，让游人瞻仰凭吊。

坐落在人民公园的"两弹元勋"邓稼先铜像

四　地方文化

1　历史文化

绵阳悠久的历史、优越的地理位置，积淀了丰厚的文化底蕴，它既是四川盆地开发较早的地区之一，也是巴蜀文化发祥地之一。

绵阳地处巴（川东）蜀（川西）之间，既是成都到中原的必经之地，又是古金牛道与阴平道的会合点，自古以来是东西南北信息的中转之地。交通的便利，使绵阳有条件吸收各种文化之长。因此绵阳文化发达昌盛，具有包容性、开放性和开拓性的特点。绵阳这块热土，孕育出了一大批在国内外享有盛誉的诗人、小说家、艺术家、学者，他们在文化艺术方面的成就举世瞩目。

绵阳山水，钟灵毓秀，人文荟萃。汉代就产生了一批经学家，如郪县人冯颢，梓潼人杨充、景鸾、李业等，他们品德高尚，学问渊博，著述颇丰。西汉末期名医涪翁是我国撰写针灸专著的第一人，他的弟子程高和再传弟子郭玉、李助，均为我国古代名医。唐代的进步思想家赵蕤，以朴素的唯物主义和辩证法分析历史，提出了一整套治国安民的办法。他编写的《长短经》受到国内外读者的欢迎。他的弟子伟大诗人李白，是唐代诗歌王国中的无冕之王。在唐代灿若群星的诗人中，李白是最亮的北斗星，他在浪漫主义诗歌的创作上，登上了不可企及的高峰。现在他的诗歌流传于全世界，享有极高的声誉。宋代状元苏易简及其孙子苏舜钦、苏舜元，在文学上也取得了很大成就。特别是苏舜钦开创一代文风，成为北宋文学革新运动的先驱。而北宋文学革新的旗手、文坛领袖欧阳修也出生于绵州。盐亭出生的文同，不仅是有名的"清贫太守"，其诗词、书法、绘画也是第一流的。特别是画竹，他开创新的画风，影响至今。元代书法家邓文原，明代诗人金献民，清代诗人、戏剧家、学者李调元，红学家孙桐生，都是绵州山水孕育出的英才，他们都为中华文化增添了光彩。现代，绵阳这块土地又孕育出一位文学大师沙汀。沙汀本名杨朝熙，又名杨子青，安县城关人。在第一次大革命时期，他就加入了中国共产党，1927 年秋，在安县创建了党组织，开展革命活动，后到上海参加左翼作家联盟，从事革命文艺活动。1941 年"皖南事变"后他回到故乡，在艰苦的环境中从事文学创作。他从故乡的社会生活中提取素材，写成了他的代表作：《淘金记》《困兽记》《还乡记》三部长篇小说和《在其香居茶馆里》等短篇小说，这一时期成为他文学创作的黄金时期。此外，绵阳籍的著名艺术家还有美术教育家、水彩画家、工艺美术设计家，被誉为"东方色彩大师"的李有行；漫画家谢趣生；音乐家许可经；被誉为京城"四大名医"之一的肖龙友；著名的历史学家蒙文通；等等。他们在20世纪三四十年代就已经享誉全国。

绵阳地处蜀道咽喉，川西北交通枢纽，风光又很秀丽，因而有不少诗人、学者过路或寓居于此。西汉大文学家、著名辞赋家司马相如、扬雄，分别在梓潼长卿山、绵阳西山读过书，并留下了司马相如读书台和西蜀子云亭的名胜。"初唐四杰"中的王勃、杨炯、卢照邻都来过绵阳，并留下了诗赋。杜甫曾在梓州、绵州流寓两年多，留下了"梓州杜甫草堂"，还在这里写下了近百首诗歌，脍炙人口的名篇《闻官军收河南河北》就写于梓州。晚唐的著名诗人李商隐在梓州做过官，写下了近50首诗，其中最著名的是《夜语寄北》。宋代的著名诗人苏轼、陆游、杨万里，明代的大学者、诗人杨升庵，都曾来过绵阳，他们陶醉于绵阳的山水和名胜古迹，并写下了不朽的诗篇。这些诗人、学者不仅为绵阳的山水增添了光彩，也促进了绵阳文化的繁荣昌盛，启迪和影响着一代又一代绵阳文人的成长。

绵阳古代文化发达，不仅留有大量的诗歌、著述，还保存了众多的古建筑、雕塑、题刻等珍贵文物。现已公布的在绵阳市境内的国家级文物保护单位有5处，省级文物保护单位有16处，市级文物保护单位有21处，还有一大批县级文物保护单位。在国家级文物保护单位中，历史最古老的是东汉时期的平阳府君阙和郪江崖墓群，距今近2000年。其他三处国家级文物保护单位是江油窦圌山云岩寺及飞天藏、梓潼七曲山大庙和平武报恩寺，它们都是古代建筑雕塑艺术的珍品。省级文物保护单位中也有不少珍宝，如三台的云台观，是省内仅次于青城山的道教宫观；绵阳西山玉女泉道教摩崖造像、碧水寺和梓潼千佛崖的佛教造像，都表现了唐代雕刻艺术的高超水平。绵阳出土的文物中有不少珍品。1995 年在涪城区永兴镇发现的西汉墓，长约 24 米，宽约 10 米，是四川地区迄今发现最大的西汉墓。墓中的漆器，工艺十分精美，100 多具漆雕木马及大批木俑，个个栩栩如生，有的马双耳直立，张口张鼻，似乎只要一声令下，就会冲入敌阵，有些马背上的骑士，两眼平视前方，似乎正准备驰骋疆场，与敌拼搏。在数万件出土文物中，"五个之最"文物精品最具代表性。绵阳何家山东汉墓出土的大铜马和摇钱树，是全国同类文物中最高、最大的。大铜马造型十分生动，从它的面部表情、高扬的尾巴、刨地的前蹄，可以看出它将挣脱羁绊，腾空飞跃。一具本来是静态的木马，却充满内在的力度和气势，充分显示了汉代艺术的生命力。何家山东汉晚期崖墓出土的摇钱树的树干上有中国最早的铜佛像。涪城区河边镇和吴家镇东汉崖墓中出土的说唱俑，赤裸上身，以肚代鼓，表情充满滑稽、幽默，是中国最精彩的说唱俑。在绵阳永兴西汉墓出土的人体经脉漆雕，是中国最早的人体经脉模型。这"五个之最"文物精品在国内外多次展出，不仅为绵阳大大增添了光彩，也说明绵阳作为一座历史文化名城，其文化底蕴丰厚。

2　非物质文化遗产

2005 年，绵阳市正式启动非物质文化遗产保护工程，制

定了绵阳市非物质文化遗产保护工程的长期规划。截至 2013
年，绵阳市的羌年、文昌洞经古乐、青林口高抬戏、潼川豆豉
酿制技艺等 7 项被列入国家级非物质文化遗产名录，羌族推
杆、羌戈大战、大禹传说、涪江号子、睢水春社踩桥会、蚕姑
庙会、盐亭水龙、羌族麻龙马灯、梓潼片粉和酥饼制作技艺、
羌族婚俗、郪江城隍庙会等 33 项被列入省级非物质文化遗产
名录。此外，被列入市级非物质文化遗产名录的有一百多项。
这里介绍部分非物质文化遗产。

白马藏人跳曹盖（国家级）

“白马藏人跳曹盖”是四川绵阳市平武县境内聚居的白马
藏人的一种古老的祈福驱邪祭祀活动。

白马藏人历来信奉原始的自然宗教，不信喇嘛教，不吃酥
油，每年正月，各寨子都要“跳曹盖”，以祈祷来年风调雨
顺、无病无灾。

跳曹盖整个活动包括宰羊念经、引出曹盖、镇邪、劈魔、
祭祀山神等几项内容。“曹盖”与“白该”的舞蹈是整个“跳
曹盖”活动的重要内容。

跳曹盖的活动一般历时两天。这两天中，全寨子的人共同
分享羊肉、烧馍，边跳圆圆舞边饮青稞酒，大家都非常兴奋。
跳曹盖其实就是白马山寨的狂欢节。

数百年来，由于交通闭塞等原因，“白马藏人跳曹盖”未
受到外来文化的影响，一直保持着古朴原始的特性，可以说，
它是一种文化形态的“活化石”，其中包含很多白马藏人原始
文化的信息。由于白马藏人没有文字，加之古籍资料记载的贫

乏，古老的"白马藏人跳曹盖"对于研究这一独特民族的文化与历史尤为重要。

羌族口弦音乐（国家级）

羌族口弦产生并流传于绵阳市北川羌族自治县青片乡，是在长期生产劳动、劳作歇气时，羌族妇女在边歇气边搓麻绳中发明的一种民间乐器。口弦也是羌族青年男女恋爱的媒介，小伙子做一个好口弦，把它作为爱情的信物，送给女方。正如诗中所言"小小竹片中间空，麻绳扯奏响叮咚，房前屋后碉楼上，花前月夕起春风"。

制作口弦的材料为金竹，翻黄金竹更好，但很难寻找到。首先取长约 11 厘米，厚约 0.15 厘米的金竹，将其从中分为一头宽约 1.3 厘米，另一头宽约 0.8 厘米，呈酒瓶状的小竹块，再将中间雕刻成长约 8 厘米的形如笙管中之簧片。两头各凿一小孔，前孔（小头处）穿麻线，左手无名指、小指挽之，大拇指、食指两指捏穿孔处，横侧贴腮靠近微微张开的嘴唇间，以气鼓簧片。后孔（大头处）用近 30 厘米的麻线穿之，以右手食指、中指两指挽线徐徐牵动之，鼓顿有度，其簧闪颤成声。牵动力度大小和口腔形状、气息大小和唇舌位置的改变，构成音阶和旋律。其音的改变，全凭演奏者扯动麻线的力度和舌头触及簧片的位置以及口形大小、口中气流的强弱而定。

口弦音乐生动地反映了羌族人民的生产生活状况、劳动场景、喜气场面、内心世界及青年男女的爱慕之情。一般在劳作歇气和婚丧嫁娶、节日庆典时，羌族妇女会用口弦扯奏优美动听的曲子。口弦曲调大多为即兴创作，音域一般在八度之内，系五声音阶，其音乐绵绵悠长，如高山流水，潺潺不绝，生动形象传神，所表达的意韵往往只可意会，不可言传，其妙不可言。

羌年（国家级）

羌年是绵阳市羌族最隆重的传统节日，也是羌民喜庆丰收、感谢上天的日子，于每年农历十月初一举行庆祝活动。

节日期间，羌族人民祭拜天神、祈祷繁荣，在释比（神父）的细心指引下，村民们身着节日盛装，举行庄严的祭山仪式，杀羊祭神。然后，村民们会在释比的带领下，跳皮鼓舞和萨朗舞。活动期间，释比吟唱羌族的传统史诗，人们则唱歌、喝酒，尽情欢乐。新年之夜，每个家庭的一家之主会主持祭拜仪式，献祭品和供品。现在，庆祝活动不仅在村寨，还延伸到乡镇县城，每年县城举办的全县庆羌年活动最为盛大、隆重。羌年的庆典包含羌族民风民俗、宗教、舞蹈等，是多元文化的结晶，折射出深厚的羌族文化内涵，对研究羌族的历史、文化、宗教等提供了科学的依据。

青林口高抬戏（国家级）

四川盆地西北部江油市青林口古镇的高抬戏是一种民间乔妆戏表演样式，又称作"飘色"或"抬阁"。每年农历二月初一都要举办传统庙会，当地这一习俗已沿袭多年。

青林口高抬戏巧妙地运用了绑扎艺术中的虚虚实实、以假乱真的特点，整个绑扎过程要经过11道工序，方以造型别致、工艺精巧、赏心悦目的优点展示出来。人物造型基本采用民间传统年画的"构图"方式，造型十分夸张，特别是巧设"机关"，将剧中人物"悬于空中"，造成角色与角色之间若即若离，同时给观众以强烈的视觉冲击，使其看起来飘然若仙，充满了浪漫色彩。

高抬戏的表演一般限定为两组，所扮演的戏文都是家喻户晓的川剧折子戏，通俗易懂，老少皆宜，如《秋江》《踏伞》《打雁》《情探》《送京娘》《穆桂英》《桃花仙子》《李白醉酒》等，一般通过巡游表演展示。

作为地方民俗文化现象，青林口高抬戏具有一般群众文化的特点，人物造型基本上采用民间传统年画的"构图"方式；从美学观点看，绘画的过程就是发现美和创造美的过程，因而具有较高的观赏性、趣味性和审美价值。

潼川豆豉酿制技艺（国家级）

潼川豆豉是四川省三台县最具盛名的地方特产，至今已有300多年的生产历史。清康熙九年（1670），邱正顺的前辈祖先，从江西迁徙来潼川府（今三台县），在南门做水豆豉零卖生意。他根据三台的气候和水质，不断改进技术，采用毛霉制曲生产工艺，酿造出色鲜味美的豆豉，因产地为潼川而定名"潼川豆豉"。清康熙十七年（1678）潼川知府以此作为贡品敬献皇帝，潼川豆豉因得到皇帝赞赏而名噪京都，被列为宫廷御用珍品，进而逐渐为全国知晓。

潼川豆豉是高蛋白质原料大豆酿造的传统调味品，营养价值极高。其独特的工艺流程为选料→浸泡→蒸料→制曲→拌料→加辅料→发酵及储藏→成品。潼川豆豉经微生物作用后，因产生出多种有机酸、醇脂、氨基酸而更易消化吸收，同时还增加了促进人体造血功能的维生素 B_{12}。1982 年 11 月潼川豆豉被评为省优质产品，畅销全国，远销 20 多个国家和地区，先后获得首届中国食品博览会、全国食品大赛、巴蜀食品节金奖。

文昌洞经古乐（国家级）

文昌洞经古乐是指产生并流传于文昌祖庭——梓潼七曲山大庙及周边的一种民间祭祀文昌帝君时的伴奏音乐，因弹演《文昌大洞仙经》而得名。

洞经古乐的重要组成部分为"曲牌"，它可分为大乐曲牌、细乐曲牌和经腔三类。大乐曲牌以唢呐为主奏乐器，音乐高亢洪亮；细乐曲牌以笛子为主奏乐器，旋律优雅缠绵；经腔多用大乐和细乐伴奏，曲调婉转飘扬。不同类型的曲牌可以交替使用，声乐与器乐结合，再加以曲调、乐器的变换组合，形成了文昌洞经古乐丰富表现力的特点。

文昌洞经古乐将宗教音乐、古典音乐、民间音乐熔于一炉，从乐曲、乐器到演奏技艺、调音方式、演出场景、乐队修养，都有其独特之处，是一笔颇可珍视的音乐遗产。

大禹传说（省级）

北川，古属西羌，亦称西夷。《孟子》说："禹，西夷之人也。"《史记》云："禹生西羌。"《竹书纪年》说："修已背剖而生禹于石纽。"汉武帝元鼎元年（前116），川西北置郡设县，北川属汶山郡广柔县。扬雄《蜀王本纪》、谯周《蜀本纪》、陈寿《三国志》、郦道元《水经注》等都记载禹生于广柔县，具体地点为石纽刳儿坪。北周天和元年（566）始置北川县。唐贞观八年（634）北川取"石纽"之"石"，"甘泉"

之"泉"，更名为石泉县，此后的史志都指石泉县为禹生之地。

民国三年（1914），石泉县因与陕西石泉同名，复改为北川县。据古史记载，今北川县应为大禹故里。虽然年代久远，但北川至今还流传着大量有关大禹的传说，石纽山、禹穴沟还比较集中完好地保存着有关大禹的遗迹，这在全国是罕见的。这些历史文化遗存对于认识上古的历史、哲学、伦理学、民俗等方面具有重要意义。

千百年来，北川人民一直视大禹为始祖、宗神，世世代代缅怀他、纪念他。

蚕丝祖神传说（嫘祖传说）（省级）

"嫘祖传说"是以黄帝元妃嫘祖为主人公的民间口头文学，产生并流传于四川盐亭金鸡、高灯、八角一带。

《史记·五帝本纪》记载："黄帝居轩辕之丘，而娶于西陵之女，是为嫘祖。嫘祖为黄帝正妃，生二子，其后皆有天下。"《路史·后记五》：黄帝"元妃西陵氏，曰嫘祖，……以其始蚕，故又祀为先蚕"。

相传盐亭古为西陵之地，当地人世世代代敬奉"先蚕"嫘祖。在盐亭县金鸡镇的嫘祖山，曾有唐开元年间的嫘祖圣地碑，该碑记述了嫘祖生殁之地及其功绩。宋《元丰九域志》："梓州，蚕丝山，每上春日，远近士女游此山，以祈蚕丝。"今金鸡镇、高灯镇、八角镇一带，有多处与嫘祖名字或生平活动相关的人文遗址和自然景观，如嫘祖墓、蚕丝山等，丰富多彩的嫘祖传说故事妇孺皆知，口耳相传。"嫘祖传说"从嫘祖出生到离世，涵盖嫘祖一生，而栽桑、养蚕、抽丝等是其核心内容。

"嫘祖传说"内容丰富，涉及先民社会生活的方方面面，具有史诗性质和强烈的神话色彩。从"嫘祖传说"中我们可以窥探到中华民族没有文字记载的先民历史社会风貌。

涪江号子（省级）

在涪江流域（绵阳至重庆合川）木船航运时代，每当逆江而上或者船过险滩的时候，船工们就得拉纤。为了协调步伐和鼓舞士气，船工们就在号子声中掌握行进节奏，日复一日，年复一年，逐渐形成了"涪江号子"。

涪江号子是船工在航行中触景生情而即兴创作的，大量使用赋、比、兴的手法编唱号子词。其大致可分渣渣号子、滩坪号子、交架号子、拖浅号子四种。渣渣号子又称投水号子，指启动船只时的张纤活动；滩坪号子即风平浪静时的平水号子，节奏轻快、悠然，大有"轻舟已过万重山"之意；交架号子是在最为危险，最需齐心协力、竭尽全力的时候使用；拖浅号子即船搁滩时的号子。四种号子中，尤以交架号子、拖浅号子最为高亢、激昂，其力度和节奏感极强。

"涪江号子"词一般是由船工们将各地风情、古迹传说、神话故事、船工生活等进行收集整理、加工提炼而成。一是描述涪江两岸的风土民情、古迹物产；二是反映船工们战滩斗险的劳动风貌及凄苦悲惨的时代命运；三是表达船工夫妻真挚的情爱及调侃异性的诙谐情趣。

"涪江号子"是涪江沿岸船工们拉纤、摇橹、推桡时唱的歌谣，它是一种极具特色的劳动歌谣形式之一。

睢水春社踩桥会（省级）

安县睢水太平桥，建于清代，系省级文物保护单位，结构坚固，造型别致。当年，睢水是德阳、绵竹、茂汶三地的交通要道，但是每到夏秋之际，洪水暴涨，百姓渡河苦不堪言。清嘉庆四年（1799），乡绅林贤相"倾囊出其所积"，历时三载，大桥落成。适逢春社这天，大家纷纷涌向大桥参加庆典、祭祀、祈禳活动，由此演变成春社踩桥会，迄今200余年而不衰。

睢水春社踩桥会每年举办一次，时间定在立春后第五个戊日。届时无须宣传，也无人组织，群众自发前来，少则数万人，多则10万人以上。踩桥者首先要在桥上往返行走三次，据说可保一年平安；另有"桥头拜干爹，小儿免病殃；凭栏丢药钱，身健家宅昌；向河抛衣物，灾去洪福降"……民间曲艺节目，应有尽有；民间特色小食，包罗万象；民间手工艺品，琳琅满目。近年，波及范围渐广，不仅有新都、成都等地人士参加，也有省外、境外人士参加。

羌族推杆（省级）

羌族推杆，羌语称"吾勒泽泽"，是羌族地区最普遍的一项体育活动。相传在1000多年前，羌族受到外敌的侵犯，他们为抵御外敌，组织了一支敢死队，所有队员都手持长矛，故被称为长矛军。那些手持长矛的武士们奋力迎敌，获得了胜利，保卫了羌族村寨的安全。在庆功祝捷大会上，武士们都不愿说出自己的战功。为了确认谁是英雄，有人出了个主意，将木杆长矛的矛头取下，以推杆的办法来进行比赛，终于把力气最大的武士选拔出来。人们尊他为英雄，并向他敬酒。后来这种推杆比赛便世代流传下来，成了羌族人民传统的体育活动项目之一。在比赛的时候，两人（有时也有三人或多人参加）以一根长约3米、手臂粗细的木杆为器具，一人紧握一端，将木杆挟骑于两腿间，作为防守，进攻者握着另一端用力前推。攻守双方面面相向，木杆保持水平线，不能上下摆动或突然猛推。进攻方将防守方推出两尺开外的界线就算获胜。裁判由村寨的长者或有威望者担任，以击掌五次为一个攻守回合的时间。攻守双方要交换位置，实行五局三胜制。

推杆本是羌族的尚武传统和武士间的比武较量，现在已发展为羌族全民体育活动，青年妇女也参加比赛，这不仅增添了推杆的娱乐性，还体现了羌族"尚武""尚力"的风尚与精神。

羌戈大战（省级）

羌族史诗《羌戈大战》的主要内容：在遥远的古代，羌人的祖先从西北向西南游牧迁徙。当其中的一支游移到岷江和湔江上游丰美的河谷台地时遇到了名叫"戈基"的一个部落。其人高鼻梁深目，身强力壮，能征善战。羌人与之几次交锋，屡战皆败，已经到了准备弃地而逃的地步。幸运神灵在梦中启示，乃于颈上贴羊毛做标志，以坚硬锋利的白石英石为武器，再与戈基人沙场决斗，终于战而胜之。从此羌人得以在岷江和湔江上游安居乐业，发展生产，成为"有语言、有耕牧、知合群的民族"。为了报答神恩，羌族世世代代都以白石象征最高的天神，供祭于庙宇、山坡以及每家每户的屋顶白塔之中，朝夕膜拜，虔诚之至。这一习俗一直沿袭至今。

《羌戈大战》史诗教育人民热爱国家、热爱自己的民族，凝聚力量，能激发羌族人民的自尊自信，使羌族人民和其他民族一起共同向前发展，与时俱进。

羌族婚俗（省级）

羌人订婚时要经三道程序，首先"开口酒"，即许口酒。当男女即将成年时，男方请媒人到心目中的女方家说亲，如同意则由家长约定时间，然后男方到女方家办酒席宴请，名"开口酒"。酒席上女方提出聘金数目，双方议定，表示订婚初步成功。数月后，男家去女家备酒席招待近亲，称"小定酒"，此时要送上彩礼，并将之置于神台之上，以示庄重。"大定酒"时，两家具体商定结婚日期，男方要大宴宾客，款待女方的亲朋好友，此时，男方要交清聘礼，并额外备一份银钱奉送给亲家母。在整个订婚过程中，姑娘不得露面，藏于房内或亲友家中。

结婚有"女花夜""正宴"及"谢客"三道仪式。"女花夜"，由女方备两坛蜂蜜酒招待前来庆贺、送礼的客人，男女各一坛，大家通过跳舞、唱歌来庆贺。"正宴"即娶媳妇，男方备花轿或马匹前来迎亲。新娘穿着特制的红嫁衣，脚穿由家嫂做的红绣花鞋，由其亲兄弟背出大门上马，新娘手蒙脸大哭，有的哭得悲悲切切，有的仅是走走过场。新娘父母将平日为新郎做的鞋、袜等放进箱子，让女儿带到男家。女方准备就绪，乐队吹起唢呐相送，送亲者背起箱子，抬起柜子，热热闹闹送新娘出嫁。

到男家村寨，炮手放三声明火枪以示到达，全寨人齐集寨头，迎接新娘。到了男家，男方要给伴娘和牵马人少量下花轿钱，否则新娘不下花轿。新娘下花轿后，新郎在门口向地上撒把米，厨师提只雄鸡，宰杀后洒鸡血于大门上，有避邪煞之意，新娘新郎即刻进门，抢坐上席。新郎新娘入洞房后，设在露天坝子的盛大宴会便开始了。贵客们边吃边喝、边歌边舞，先唱《赞新娘》酒歌，歌词内容是赞颂新娘的美貌，从头唱到脚，后唱《赞新郎》。称颂新郎人品端庄、精明能干。人们一直歌舞到深夜，甚至到天亮。

第二天，主人再备两席"谢客"，整个仪式才结束。婚后第三天，新郎同兄弟们背酒肉送新娘回娘家，娘家要备好"回门酒"，亲友要向新婚夫妇馈赠礼物，并致辞祝福。

羌绣（省级）

羌（刺）绣年代久远，以家庭式母传女的形式一直延续至今。在这个过程中，最初的羌绣在实用性、讴歌美好环境上具有突出意义。随着时间的发展，羌绣在其演变过程中，实用性逐渐淡化，更多的是具有生活装饰性，其在制作技法、针法、构图、使用范围等方面都有很大程度的改进和创新。

早期羌绣主要选用黑、白、蓝三色土麻布和棉线。在经济条件相对落后时期，羌绣首先承载了耐穿、耐磨、耐洗以及缝补遮丑的生活实用性；其次具有美化服饰、歌颂美好大自然的自然崇拜特点。此外，青年女子还将其自绣鞋垫、香包等作为定情物给自己中意的情郎，刺绣技法、针脚、构图的好坏在某种程度上代表了女孩子聪慧、灵巧以及持家之道。图案的选择主要以花、鸟、虫为主，图案分阴、阳两面，布料不做画线、基础画等处理，作品规整、对称，针法、针数以口传形式传承，这一时期，作品以镶边、鞋垫、围腰、服饰为主，技法主要为挑花、钩花。随着现代文化在羌区的传播，羌绣进入了新羌绣时代。在保留了原有的技法和风格上，羌绣加入新元素，经过不断发展，现在羌绣更多体现的是其工艺价值和艺术价值。针法为扣针、挑花、盘绣、飞针绣、链子绣、打籽绣、刺绣、滚针、扭针、钩针等多种针法相结合。适用范围从单一服饰拓展到图画装饰、工艺品、礼品、家居装饰、旅游商品等范围。今天的羌绣融合多种艺术文化，拓展使用范围，结合时尚元素，更具传统与时尚的审美品位。

文昌出巡（省级）

文昌出巡是产生并流传于文昌故里梓潼及其周边地区的一种民俗活动，是文昌信仰的集中体现。据明代进士、邑人何光裕于明嘉靖二十八年（1549）所作《文昌行祠碑记》，文昌出巡之祭祀民俗约始于明嘉靖五年（1526）。

文昌帝君和他的圣父、圣母被供奉在七曲山大庙。为了表示对文昌的崇奉，每年春节正月十二日人们从城北七曲山大庙恭请文昌及圣父、圣母入城，与民同乐，共度新春。

文昌出巡的主要程序分为扫荡、迎文昌、祭文昌、送文昌四个阶段。活动场面宏大，参与人员众多，展示出一幅多姿多彩的民俗风情画卷。

文昌出巡全面而深刻地反映了漫长农耕文化形成的生活习

俗和宗教信仰，其中的音乐、舞蹈和文昌大轿、锡制仪仗鸾驾、木雕神像的制作等更是劳动人民智慧的结晶，具有很高的艺术价值。

雾山石刻（省级）

雾山石刻是发源并传承于江油市的一种民间美术雕刻工艺。它起源于唐代，明、清时相传，民国初年盛极一时，其作品在川内广为流传，被誉为四川三大石刻之一，20世纪40年代衰落，80年代恢复，主要分布在四川省绵阳市江油市武都镇和中坝镇。

雾山石刻所用石材原产于江油市国家地质公园、著名风景名胜区观雾山，其石色黑如墨，质细如玉，经过采石、开型、出坯、绘样、雕刻、镶嵌、题款、收细、打磨、装盒等工艺流程，采用平、浮、圆、镂、线等雕刻手法，展示出纯真与厚重之美，在传统雕刻工艺中独树一帜。

雾山石刻以其独特色泽、质感与传统的精湛工艺集中展现人物山水、花鸟鱼虫等传统主题，形成以砚台、镇纸、屏风、大型壁画等为主体的系列产品，具有较高的艺术观赏价值、收藏价值和实用价值。

文昌庙会（市级）

梓潼县七曲山大庙庙会源于文昌祭祀，晋代以前就有善板祠，祭祀雷神，东晋以来，就有张亚子庙的祭祀，宋乾道年间就已有庙会的记载，唐代已有裴贾二姓司香管庙，明末张献忠联宗认祖为太庙（家庙），至清乾隆四十四年（1779）知县朱廉捐资购房生息，始有秋季庙会。从此每年农历二、八月都有文昌春、秋庙会，一直延续至今。

梓潼县文昌庙会集中于梓潼县七曲山大庙周围。近年来，这种祭祀活动的影响范围还不断延伸，时间一久，在川西北地区的剑州、广元、绵州、江油、龙安（平武）、潼川（三台）、盐亭、南部、阆州、顺庆（南充）等州县信民有数十万之众，他们相继来七曲山大庙祭祀文昌，相沿成俗，渐成为川北地区的一大盛事。

每年农历二月初二至二月十四日、八月初二至八月十四日分别为春、秋庙会的祭神期，都要举办祭祀活动。其中，二月庙会最为热闹，路上行人摩肩接踵。二月十四日晚和八月十四日晚，大庙都要举行隆重的敬神仪式，这是祭祀文昌帝君的重大祭典，由县令主持。它与迎神会不同，祀典是按朝廷颁布的礼神制度举行的，是重要的官祭活动。祭祀的程序、主祭的官员、供品礼仪、乐器配备，都按官方礼部的规定办理，规格大约等同于祭祀孔子。

七曲山大庙文昌庙会历史悠久，规模宏大，融多种古老艺术、饮食文化、民间习俗为一体，在历史发展过程中，积淀了浓厚的民情民俗，覆盖了川西北地区，并不断向外辐射，形成了独具特色的梓潼会、文昌祭祀、文昌迎神会、文昌扫荡、文昌消劫法会、大蜡会、拜香会等，以及各种民间曲艺杂耍、讲圣谕、打道筒等内容丰富、形式多样的民俗活动，形成了酬神娱人的川北古俗，参与人众多，影响深远。

3 当代文艺

新中国成立以后，特别是改革开放以来，在党的文艺政策指引下，绵阳文艺出现了百花齐放的可喜局面。创作队伍不断扩大，在全国有影响的作家和作品不断涌现。在文艺方面，近30年来，绵阳市的作者出版文学类图书近200部，发表作品4万多篇，有600多件次在全国和地方性评奖中获奖。其中最具代表性的作家是克非。克非，本名刘绍祥，1950年参加工作，扎根于绵阳这片热土，创作出了一部又一部在全国有影响力的作品。20世纪70年代初他出版了《春潮急》，70年代末出版了《山河颂》，而后又创作了多部反映农村生活、有浓郁乡土气息的小说，成为农村题材创作的带头人。

在戏剧创作方面，绵阳在全省占有重要地位，尤其是川剧，创作实力强大。改革开放以来，川剧创作硕果累累，代表作有《华清池》《白蛇后传》《新娘鸟》《大禹魂》《冰河血》《焦桂英与王魁》等。川剧演员喻海燕、蒋淑梅荣获中国戏剧最高奖梅花奖。1992年和1994年，川剧小品《戒赌》《人间好》分别被选中参加中央电视台春节联欢晚会演出，并获得全国观众好评。绵阳市作者还创作改编了多部电视剧。其中，电视连续剧《淘金记》获全国"五个一工程"奖；《在其香居茶馆里》获得飞天奖。绵阳人李才生谱曲的藏族歌曲《逛新城》，杨玉笙创作的彝族舞曲《快乐的哆嗦》，曾一度风靡全国，久唱不衰。

在美术书法方面，绵阳美术家、书法家的作品，多次在全国、全省展出，并多次获奖。仅就1979～1995年的统计，绵阳市（地区）共有美术作品600余件参加四川省和全国的美术作品展，其中有30余件作品获奖。何多俊的年画《敬爱的元帅》在全国第六届美术作品展中获得金奖。杨昆原的漫画《大买主》在全国第七届美术作品展中获得金奖。廖其澄、吴映强等的作品赴国外展出，受到国外观众的好评，还被国外收藏家收藏。龚学渊曾在香港举办个人画展，书法家蔡竹虚、罗子平等的作品多次在国内外展出，其中不少作品流传于国内外，被书法家和爱好者所珍藏。

绵阳市还与中国香港及海外国家或地区进行文化艺术交流活动。1990年，绵阳市对外文化交流协会邀请了苏联国立俄罗斯联邦歌舞团和新加坡明星演出团来绵阳访问演出；还邀请了以中国香港美术家联会主席田沧海先生为团长的香港美术家联会访问团，来绵阳考察访问和进行文化交流活动。1992年，中国香港举办了"四川·绵阳白马风情展"。2000年，哈萨克斯坦国家芭蕾舞团来绵阳演出《海盗》。2002年，俄罗斯国家

绵州大剧院（钢琴造型）

芭蕾舞团来绵阳演出古典名剧《天鹅湖》。绵阳为促进文化艺术交流，不仅"请进来"，也主动"走出去"。1993 年，绵阳选派节目参加了四川省赴法国、瑞士的文艺演出活动；1995 年，绵阳文艺团体随市政府代表团赴俄罗斯进行访问演出；1999 年，绵阳文艺团体赴新加坡进行了川剧和歌舞表演；2000 年，组织精选节目随市政府代表团到日本进行了访问演出。对外文化艺术交流活动的举办，不仅促进了绵阳文化艺术的繁荣，也促使绵阳走向世界，让世界了解绵阳。

五　自然、人文景观

在绵阳这片美丽富饶的土地上，有琼妆玉裹的雪山、巍峨雄伟的峻岭、莽莽苍苍的森林、瑰丽神奇的溶洞、汹涌澎湃的江河、低缓柔美的丘陵、辽阔肥沃的平坝、碧波荡漾的湖泊，还有生长于其间的珍禽异兽和奇花异草，这些都是美不胜收的自然旅游资源。江山毓秀，地灵人杰。绵阳山水孕育出一大批杰出人物，他们留下了许多遗迹游踪和动人故事。世世代代生活、繁衍在这块热土上的绵阳人，用自己的劳动和智慧创造出了璀璨瑰丽的物质文明和精神文明。绵阳又是多民族聚居的地方，各民族都有自己独特的民风民俗。这些都是丰富多彩的人文旅游资源。

1　自然景观

"九寨后山"——王朗

如果说绵阳辖区图像一只彩蝶，那么，涪江就像它的中枢神经，贯穿全身。涪江从彩蝶的头部雪宝顶发源，也从这里展开了千里画卷。现在的九寨、黄龙已经闻名中外，其实平武县的王朗与九寨、黄龙的地理环境相似，它们都在岷山主峰雪宝顶下面，有同样的地质、地貌，同样的气候和植被，并相互毗邻。在当地民间有个美丽的传说：黄龙、九寨、王朗本来是同胞姐妹，分家后分别住在雪宝顶北面、东北面和东面。

王朗就在九寨后山，它的竹根岔与九寨沟的长海只有一山之隔，西南紧邻黄龙，面积 332 平方公里，平均海拔 3250 米。如果说九寨、黄龙的水最美，那么王朗最美的就是原始森林。这里是四川省批准的最早的自然保护区，2002 年又升级为国家级自然保护区。这里保持着原始生态，云杉、冷杉、白桦、红桦……密密层层，伟岸挺拔。有的老树已经枯萎倒下，而树桩上的新枝又生机盎然。老树新柯，盘根错节，藤蔓缠绕，松萝垂挂，与树下的丛丛灌木，簇簇箭竹，共同演奏着一首绿色的交响乐。而在这乐曲中舞蹈嬉戏的是美丽的金丝猴和憨厚的大熊猫，还有苏门羚、麝、红腹角雉、蓝马鸡、太阳鸟等珍禽异兽。王朗是大熊猫生存较多的保护区，已经为国家提供了40 多只大熊猫，它们愉快地生活在国内外的各大动物园里。大熊猫作为友好使者，被赠送给法国、英国、日本等国家，促进了我国与各国的友谊。从王朗自然保护区还走出了两位"名演员"：伟伟和平平。伟伟出色地担任了在王朗拍摄的科教片《熊猫》中的主角，之后，被送入上海杂技团，它熟练地掌握了蹬彩球、吹喇叭、骑木马等绝技，成为世界上第一位大熊猫"名演员"，曾到国外演出上百场，轰动全世界。英国、日本、加拿大曾邀请伟伟拍摄电视片。平平曾在 1981 年参加故事片《熊猫历险记》的拍摄；1986 年曾到爱尔兰做客，在那里，它像贵宾一样大受欢迎。王朗是名副其实的大熊猫故乡。

绵阳的"香格里拉"——虎牙大峡谷

虎牙藏族乡位于雪宝顶东南麓，面积 484 平方公里。海拔达 5400 米的绵阳第一高峰雪宝顶就在其境内。涪江的第一条支流虎牙河贯穿全境。虎牙河又有 8 条支沟，它们各自从海拔 4000 米以上的雪山发源，经过高山草甸、原始森林，汇入虎牙大峡谷。干流在 50 公里内，落差达 2000 多公尺，河水奔腾咆哮，似脱缰野马，如下山白龙。虎牙的瀑布不计其数，各具特色。花花水瀑布从雪山上飞泻而下，长达 1000 多公尺。"飞流直下三千尺，疑是银河落九天"的诗句用在此处，绝不夸张。刷刷水的大龙口瀑布，宽约 100 米，从山腰溶洞倾泻而下，气势磅礴，吼声如雷，阳光之下现出七彩飞虹。还有回头漩、溜达皮、彪水漕以及若干不知名的瀑布，无一处不令你拍手叫绝，无一处不使你心灵受到震撼。虎牙的高山草甸，每到春夏，百花怒放，万紫千红，天上的彩霞不比它灿烂，人间的锦绣不比它绚丽。躺在这天然的锦缎上，闻着沁人心脾的花香，看着白云在雪山蓝天之间自由舒卷，使人进入如痴如醉、物我两忘的境界。虎牙就是绵阳的"香格里拉"。

虎牙的南面翻过一座 4000 多米的高山就是泗耳藏族乡，面积 548 平方公里。这是一处比王朗、虎牙更少有人去的地方，也是原始生态保持得较好的地方。泗耳河发源于海拔

5000 多米的三牙羌。河道在险峰峻岭、悬崖绝壁中奔突挣扎，形成无数的飞瀑叠泉和湍流碧潭。这里到处是莽莽苍苍的原始森林，即使在绝壁或河面，都是被古木藤蔓掩盖得严严实实。这里夏秋多雨，冬春丰雪；终年云雾缭绕，四季山花不断。特别是初夏的杜鹃、深秋的红叶，把泗耳打扮得五彩斑斓，绚丽多姿。这里也有大熊猫、金丝猴等珍稀动物。泗耳和虎牙都被批准为雪宝顶自然保护区。

原始生态保护区——小寨子沟

泗耳的西南，就是位于北川羌族自治县青片乡境内的小寨子沟自然保护区。这里是青片河的西源，分东西两条大沟，汇集着 38 条山涧。这里高低相差约 2500 米，形成垂直景观。山谷中长满了亚热带的阔叶树，有樟树、楠木、红豆树、漆树、栎木、水青树，还有特别珍贵的"植物活化石"鸽子树。各种贵重中药材也生长在这茂密的原始森林中。海拔 2000 米以上的高山上，生长着温带和寒温带的针阔混交林和针叶林。高大挺拔的冷杉、云杉、油松、高山柏耸入云霄，青翠的箭竹，多姿的杜鹃，竞相生长，金丝猴和大熊猫嬉戏于其间。这里国家重点保护的珍稀树种有 20 多种，珍稀动物有 50 多种，有关专家认为，这里是地球同纬度森林生态系统保存最完好的地区。

人间仙境——罗浮山温泉群

小寨子沟南面，越过北川峡谷便是北川、安县、茂县交界处的千佛山。千佛山主峰佛祖庙海拔 3000 米，它的东南面是丘陵、平坝，一直连着成都平原，再无高山阻挡，视野极其开阔，所以是观云海、看日出的好地方。千佛山植被茂密，原始森林中珍稀树木随处可见。有一片珙桐林，面积达 4 万亩，世所罕见。"银杏王"高达 30 米，树围 12 米，已有 2000 多岁。"茶树王"高达 13 米，已有千岁高寿，每年还能产茶 100 多斤。还有一株丁木树，已有 2000 岁，高 20 多米，树冠直径 40米，每年 4 月开满银白色花朵，芳香四溢，蔚为壮观，被当地百姓奉为"神树"。这里也有大熊猫、金丝猴、牛羚等珍稀动物。千佛山还是红军血战 70 余天的战场，现在正投入巨资进行旅游开发，这里将成为生态旅游的好去处。

千佛山南面有罗浮山及温泉群。罗浮山虽然海拔只有 800米，但山形奇特，古人有诗赞道："浮峰十二袅云寰，恍若瀛壶仙岛间"。山上林木茂密，山下云雾缭绕，经常是只见山峰，不见山脚，好像飘浮在云雾上的仙山。山腰早在唐代就建有飞鸣禅院。山下温泉甚多，含有多种防治疾病的微量元素。目前，已建成的罗浮山温泉疗养中心，成为游客休闲、疗养的好地方。

洞天秘境——藏王寨、乾元山的地下溶洞群

平武县南面与江油市交界处有藏王寨，主峰海拔 2345 米，绵延百余里，原始森林茂密，天坑溶洞众多，峡谷沟壑纵横。西北部的养马峡、中部的老君山、西南部的天佛山，已经在规划开发。

江油市西面与北川羌族自治县交界处有乾元山、吴家后山、观雾山，最高峰海拔 2100 多米。这里的原始森林曾在"大炼钢铁"中遭受斧锯之灾，近 30 多年，封山育林，山上植被得到恢复。杉树、松树郁郁葱葱，荆竹、箭竹苍翠欲滴。

特别是吴家后山的辛夷花林，面积达数千亩，清明节前后，万花竞开，紫红粉白，争相斗妍，色胜桃李，艳若牡丹，花山花海，令人陶醉。

从藏王寨到乾元山都属于龙门山山脉北段，这里由碳酸盐岩构成，经亿万年雨水侵蚀，形成喀斯特地貌。地表孤峰林立，怪石嶙峋，地下溶洞众多，阴河纵横。现已开发的有北川的猿王洞，江油的白龙宫、佛爷洞，安县的龙泉砾宫。还有不计其数的溶洞尚未开发，如江油境内白鹤大峡谷的白鹤洞、玄中洞、观音洞、珊瑚洞、七仙女洞，乾元山的金光洞、银光洞、朝阳洞，藏王寨的白阳洞等。这些溶洞各具特色，石笋石幔，千姿百态，钟乳石花，光泽剔透、形状奇特。有的洞中瀑布高悬，有的洞中可荡舟行船。特别是猿王洞，位于九黄环线旁，更是游人如织，现已成为旅游的热点。

2　人文景观

氐族后裔——白马风情

绵阳是多民族聚居的地方，除汉族外，还有羌、藏、回等民族。尤以白马人的风情最为特殊。白马人现属藏族，但他们的宗教信仰、语言、服饰、风俗习惯都与藏族不同，不少学者认为白马人是古老的氐族的后裔。他们集中居住在平武县夺补河流域，与九寨、黄龙、王朗紧紧相邻。走进白马村寨，你会看到不论男女都头戴圆顶荷叶边毡帽，插白色羽毛，身穿镶五彩布边的白色或黑色长袍，脚蹬皮靴。妇女在胸前挂鱼骨牌，腰间缠古铜钱和五彩腰带，显得绚丽多姿。白马人能歌善舞，歌舞融入他们的全部生活。不论是劳动或休闲，还是欢乐或悲伤，他们都要唱歌跳舞。他们有一副天生的金嗓子，男声浑厚粗犷，女声清脆嘹亮。每年清明节他们都要举行白马山寨赛歌会，歌声漫山遍野，不绝于耳。白马人在过年或隆重祭典时要"跳曹盖"，其威猛的面具、粗犷的舞姿，可以说是上古舞蹈的"活化石"。白马人崇拜自然，相信万物有灵，特别信仰山神，每年都要举行隆重的祭祀典礼，祭拜山神。他们的许多优美传说故事，叙述了人的起源，描写了人与大自然的和谐相处，具有重大的现实意义。

虎牙藏族风情

平武县西部的虎牙藏族乡和泗耳藏族乡，聚居着藏族同胞。他们上身着宽袍大袖、色彩绚丽的藏装，下身穿长裤，打绑腿，脚蹬马靴。男子头戴狐皮帽，腰扎红腰带，吊上藏式刀，显得强悍英武。妇女头上饰以彩色串珠，项上和手腕饰以金或银的饰品。他们既说汉语也讲藏语，信奉藏传佛教，也有自然崇拜，敬雪宝顶为神山，每年要绕雪宝顶走一圈，边走边祈祷。每个寨子都有神山、神树，它们神圣不可侵犯。他们能歌善舞，虎牙藏胞的牦牛舞独具特色。

羌族风情

羌族主要居住在北川羌族自治县和平武县的平通河上游。羌族男子身穿蓝色或黑色长衫，外罩一件老羊皮褂子，下穿大脚裤，打绑腿，腰间吊着火镰，系着皮裹兜或绣花裹肚。妇女身着红色或蔚蓝色的长过膝盖的上衣，在衣领、衣襟、衣袖和裤脚边镶上绣花的彩色花边，腰系围裙，围裙上绣着色彩斑斓的花纹，腰部两边各系一条精美的挑花飘带，脚穿钩尖绣花鞋，佩戴银项圈、手镯。每年农历十月初一为羌历年，羌族人民要举行隆重的庆祝活动。他们首先祭祀祖先和天神，然后在羌笛、皮鼓、唢呐、手铃等乐器的伴奏中跳起欢乐的萨朗，边跳边喝咂酒，一直狂欢到深夜。每年农历四月，各寨都要举行隆重的祭祀山神的典礼，祈求风调雨顺和人畜平安。在祭祀中，端公要戴上面具跳傩舞，唱消灾免祸经。

羌族、藏族人都十分好客，他们热情欢迎其他民族的客人参加他们的年节庆典。对于远方的客人，他们要举行隆重的欢迎仪式，他们在寨门外列队欢迎，鸣放火枪，唱敬酒歌，敬上美酒，然后将客人迎入寨中，与客人一起歌舞，共享欢乐。

郪江崖墓群

郪江崖墓群在三台郪江镇一带。郪江两岸的崖墓密如蜂巢，数以千计，好像走进了 2000 年前的地下村落。规模最大的达 80 平方米，有前、中、后三厅加两室。墓室内有大面积彩绘装饰、浮雕、线雕，它们生动地反映了汉代的社会生活，具有很高的艺术价值与历史价值。

平阳府君阙

平阳府君阙位于新建的绵阳博物馆前面，是全国仅存的20 多座汉阙中保存较完好的一座。它是汉代官僚贵族墓前的建筑，由南北两阙组成，高 5 米多，由石板石条交错垒叠成仿木结构，显得庄严雄伟，质朴典雅。阙身石雕显示了汉代雕刻粗犷简练、雄浑博大的风格，是古代雕刻的不朽杰作。它是绵阳市最早公布的国家级文物保护单位之一。

文昌祖庭——大庙山

梓潼大庙供奉着道教主宰功名禄位之神——文昌帝君。传说文昌姓张，名亚子，又名育，晋朝时期人，生前常为人排忧解难，治病救人。当前秦入侵，他又带领民众奋起反抗，后阵亡，百姓立祠纪念。唐玄宗将他追封为左丞相，宋代加封为英显王，元朝再封为文昌帝君。明清时各地都建有文昌宫，梓潼大庙则成为文昌祖庭，被公认为文昌文化的发祥地，每年都有海内外的香客前来朝拜。大庙约在晋代就有了，原称善板祠，又叫亚子祠，曾多次进行重建、扩建。现存的庙宇是元、明、清三代所建的气势恢宏、巍峨壮观的古建筑群。23处殿堂楼阁，依山就势，错落有致地散布在古柏丛中。文昌殿中的文昌及侍者的塑像用生铁铸成。文昌像高4.7米，重30多吨，端庄肃穆；其余侍者，或老或少，表情各异，栩栩如生，代表了明代高超的铸造工艺和雕塑水平。每年农历正月，梓潼要举行大规模的祭祀活动，抬着木雕文昌像游行至县城，名曰"文昌出巡"，其实是民俗文艺表演。每年农历二月和八月的上半月，大庙要举办庙会。届时远近的观光者、香客、商贩、民间艺人，熙熙攘攘赶来赴会，尤其是春季庙会最为热闹，每年游人上万。

道教圣地云台观

绵阳市境内另一处道教圣地是云台观，它位于三台县南部，在鲁班湖与郪江汉墓群之间，始建于南宋，后经多次重建、扩建，现在仍有 20 多处殿宇亭阁，它们分布在 2 公里长的山林之中。正殿巍峨壮观，内奉真武大帝及道教诸神。云台观是蜀中仅次于青城山的第二大道教圣地，现属省级文物保护单位。

圣水寺、罗汉堂和碧水寺、越王楼

绵阳市境内的佛教寺庙甚多，在城区最大的是圣水寺及罗汉堂，最古老的是碧水寺。圣水寺始建于明代，玉佛殿的三尊玉雕大佛，光彩照人，大悲殿内四面千手观音，雕工精美；罗汉堂中 1250 尊罗汉，姿态各异；碧水寺始建于唐代，至今寺内仍存唐代的佛教摩崖造像 18 龛，40 余尊，圆雕观音石像一尊。寺内还收集了许多尊历代的玉雕、石刻、木雕、瓷塑的观音像。这里就像一座雕塑艺术的博物馆，可以让人感受到中华艺术的精美。碧水寺后面的龟山顶上，重建了越王楼，重现了大唐盛世的建筑风采。

窦圌山飞天藏

江油市的窦圌山，以其外形似圌（上小下大的粮囤），又因相传窦子明曾隐居山上修仙悟道而得名。唐宋时其曾是道教寺观，后成为佛教圣地。南宋时修建的飞天藏，是一座能转动的木塔，高约 10 米，直径 7 米，重数万斤，一人可轻轻推动，是我国南方保存完整的最古老的木构建筑。山顶三峰对峙，原有笮桥相连，清代改为铁索桥，两根铁链横空，僧人来往，如履平地，实为中华一绝。

观雾山隔涪江与窦圌山遥遥相对，山峰比窦圌山更为高峻。传说普贤菩萨来东土，先驻锡于观雾山的普贤顶，而后才到峨眉山建道场。山中有多处寺庙。山脚有牛王庙，山腰有极乐堂、天王殿、观音殿、大雄宝殿、钟鼓楼，依山而建，气势雄伟。寺旁有曾任该寺住持的海灯法师灵骨塔。山上普贤顶有雷神殿和普贤殿，系明代的砖石拱形建筑，内供汉白玉雕的普贤像。观雾山与窦圌山自古就是川西北的佛教名山，香火旺盛，游人不断。改革开放以来，由于宗教政策的落实，香客游人日益增多。

"深山故宫"——报恩寺

平武县城内的报恩寺，是明代土司王玺父子组织修建的佛教寺庙，距今已有 500 多年历史，建筑面积 3500 多平方米，全部使用楠木，历经数百年，不蛀不朽，地震不垮，雀鸟不营巢，蜘蛛不结网，实乃古建筑的奇迹。寺中的圆雕千手观音、泥塑三世佛以及壁塑、悬塑、木雕、壁画，都是精美绝伦的艺术品。报恩寺有着明显的宫殿特征，其建筑布局仿北京故宫而修建，故被誉为"深山故宫"。现在九黄环线上的游客和远近香客都要去报恩寺观光朝拜。

大禹出生地——北川禹穴沟

禹穴沟风光秀丽，青崖高耸，古木苍翠，溪水如碧，飞泉似练。其中有剖儿坪、洗儿池、血石、禹母床等，沟口建有禹王庙。李白在沟口崖壁题写了"禹穴"二字，至今犹存。在禹穴沟李白休息的地方，建有太白庵。

李白出生地——青莲镇

李白出生在绵阳江油市青莲镇。他的故居陇西院，千余年来经多次重建，现存大门是清乾隆年间重建的。陇西院按唐代民居格式恢复，青瓦粉墙，斗式木结构，典雅大方，朴实无华。室内窗明几净，字画满壁，说明他的父亲并非富甲一方的商人，而是文学素养很高的隐士。陇西院侧，天宝山上新建了太白碑林，各种形式的柱碑、地碑、崖碑、梯碑、扇形碑、异形碑，散布在亭榭楼阁与花木水池之间，荟萃了古今著名的书法家书写的李白诗词。置身于此如同身处神圣的艺术殿堂。李白的胞妹李月圆长眠在天宝山上，如今她的墓地也成了碑林的组成部分。李月圆的故居叫粉竹楼，在陇西院北。翠竹掩映着木楼，李月圆的塑像静坐在翠竹丛中，楼下挂满的书画作品，讲述了李白和月圆的故事。粉竹楼后有洗墨池，传说是李白和月圆涮笔洗砚的地方，现在还可看到水色绿中带黑。陇西院门前的小溪叫磨针溪，这就是著名的"铁杵磨针"故事产生的地方。20 世纪 80 年代，全国的小朋友省下零用钱，在这里捐建了磨针亭。陇西院向南约 500 米是太白祠，可以说是最早的李白纪念馆，大约始建于唐末，历代多次进行重建扩建。乾隆年间重建的中殿、大殿尚存，殿中有太白塑像一尊。20 世纪 90 年代又新建了思贤亭、白玉堂，池水平桥，鲜花绿树，显得清幽宜人。青莲镇小学内有李白衣冠墓，是清代人们为纪念李白而建的。

李白读书台——大、小匡山

李白大约在 15 岁时，离家到匡山隐居读书。匡山有大小之分，小匡山又名读书台，在青莲到大匡山的途中，山虽不高而林木茂盛，"孤峰秀拔，宛如文笔"，山顶有太白祠。传说李白往来于青莲老家和大匡山时，曾在此停留并挑灯夜读，故又有点灯山之名。大匡山在江油大康镇境内，早在唐太宗贞观年间，就有僧人在山上修建了大明寺，寺庙背靠佛爷洞，面向江彰平原，左有凤凰岭，右有桃子山，故志书上说："山石方隅，其形如匡"。此处是李白读书处，故引来了不少文人墨客瞻仰。寺庙历代都在重建扩建，至清代又办了匡山书院，进入鼎盛时期。寺庙有三重殿堂，九个院落，共一百多个房间，曾住有数百位学子和僧人。书院四周，古木参天，翠竹茂密，瀑布挂绝壁，白鹭舞树梢。民国时期，匡山书院停办，逐步衰落，"文革"中遭到毁灭性破坏。近30年来封山育林，又重现了"野竹分青霭，飞泉挂碧峰"的美景，并重建了太白殿和匡山亭。

李白在匡山读书期间曾上戴天山访道士。戴天山在大匡山之北约30里，是吴家后山的主峰，海拔2100米。从大匡山至戴天山途中要经过白鹤大峡谷，峡谷峭壁摩天，溶洞密布，峰险岩奇，怪石林立，天坑地缝深达500米，实为地质奇观。戴天山尚保持原始生态，老树苍劲，箭竹茂密，常年云遮雾障，很少有游人来此。在这世外仙境，有两位道士修建了一座小小的道观，供奉着太白金星——李白。寺观下有一溶洞，名曰灵仙洞，道士吃住、打坐都在洞中。洞深约1公里，其中的老君、神农、药王像都是天然的钟乳石形成，惟妙惟肖，真是"道法自然"。戴天山紧邻太华山、鋬华山、乾元山和金光洞。唐宋时期这里道教兴盛，道观不少。特别是金光洞，又名太乙洞，传说是太乙真人修道处，也是哪吒拜师学道处，唐宋时香火很旺，青年李白曾在这里受到道风的熏陶，现在洞中还存有几十座宋代的道教造像。至今此处"道风未沦落"，不仅常有国内游客来此，每年还有台湾同胞和东南亚华侨前来朝拜。

李白拜师地——长平山安昌岩

李白到梓州长平山安昌岩拜赵蕤为师。赵蕤是盐亭人，学识渊博，满腹经纶，隐居山岩，不愿做官。李白向他学习安邦治国的学问。现在三台县城北面的琴泉寺下，还有赵岩洞、濯笔溪等赵蕤和李白留下的遗迹。

三国蜀汉肇始地——富乐山

三国蜀汉时期绵阳称涪县，战略地位十分重要，蜀汉兴亡都系于涪县。刘备、诸葛亮、庞统数次到涪县，蒋琬、姜维都曾镇守涪县城。绵阳遗留下大量三国蜀汉的遗迹，也流传着许多关于三国蜀汉的故事。刘备入川驻地第一站就是涪县，刘璋前来迎接，两人在东山欢宴，刘备见西蜀之富饶，感叹道："富哉！今日之乐乎！"后人因此而改东山为富乐山。宋代建有富乐寺，吸引了不少文人墨客前来游览，北宋书画大师文同的题词刻石，至今犹存。现在建成的富乐山公园占地约2平方公里。园中山水结合，亭榭错落，楼阁高耸，花繁木茂。"桃园结义""五虎上将""涪城相会""庞统献策"等雕塑，散布于园内，彰显浓厚的三国蜀汉情。富乐山上安葬的著名的爱国将领宋哲元，为富乐山添一新景。

与富乐山遥遥相对的西山公园，是诸葛亮的接班人蒋琬的安眠处。在蒋琬墓旁有恭侯祠，陈列着蒋琬生平事迹的图片、文物。西山上有营盘嘴，传说是姜维、蒋琬扎营之地。蒋琬墓前有"西蜀子云亭",传说是西汉大学者扬雄读书处,今已建成亭阁结合的三层仿古建筑,工艺精湛,雄伟典雅,登亭眺望,绵阳城新貌尽收眼底。

古蜀道——金牛道与阴平道

绵阳城是古金牛道与阴平道交会处。这两条路在三国蜀汉时期都曾发生过重大事件。张飞镇守阆中,常有信息向成都传递,令士兵在金牛道旁植柏树,以标明道路。明代又有剑州知州李璧组织民众植树,形成了绿色长廊,数百里路上古柏参天,郁郁葱葱,似一抹绿云浮动,故有"翠云廊"的美名。沿途有诸葛亮屯粮积草的卧龙山,有操演士兵的演武铺,有张飞歇息过的瓦口关、趄脚石等。阴平道上有古江油关。当年邓艾伐蜀,走阴平道,直逼江油关,蜀守将马邈不战而降,其妻李氏反对投降,自杀殉国,至今平武南坝尚有李氏夫人碑和江油关城墙遗址。

独具特色的科技城景观

绵阳城区北部的科学城,是以中国工程物理研究院为核心,其中,商贸、娱乐和生活服务设施一应俱全。这座新兴的科学城,占地约5平方公里,濒临涪江,背靠丘陵,山环水绕,绿树成荫。座座高楼有花坛草坪环绕,宽阔街道有柳荫小溪相随,整个科学城显得气派、高雅。科学城中心广场有一座象征原子裂变的雕塑,是科学城的标志。中心广场旁边的科学技术展览馆,有大量的图片、实物、模型和演示仪器,展示了中国科学家为了祖国的富强,艰苦卓绝地研制、生产和实验"两弹"的艰辛历程。

绵阳"科学城"的标志

　　绵阳城区西南部是国家级高新技术产业开发区，这里是按现代化城市的标准规划设计、建设的新城区。楼房造型各具特色，色彩和谐明快。这花园般的高新区是以享誉全球的"长虹"为龙头，集聚各种高新科技产业。其中最值得一游的是"长虹工业园"，其中包括长虹家电城、长虹科技中心、商务中心等。长虹科技中心的长虹科技馆，让我们看到了长虹走过的辉煌历程，看到了长虹人如何把科技优势转化为产品优势，看到了琳琅满目的长虹产品。

　　在绵阳城西面的安县境内，有中国空气动力研究与发展中心的试验基地。那里可以看到具有世界水平的、亚洲第一的风洞群，可以看到各种类型的飞机、高层建筑以及高速行驶的车辆在这里接受各种风速检验的奇妙情景。

绵阳高新技术产业开发区一角（2003）

亚洲最大的低速风洞

绵阳城区南部，是绵阳南郊机场和中国民航飞行学院绵阳分院。他们为了宣传普及航空知识，提高广大群众的科学文化素质，创办了航空科普展厅。这是我国西南第一家航空展厅。院内陈列有周恩来总理乘坐的专机等实物飞机数架，可供游客参观拍照；还有供游客学习驾驶飞机的模拟机，可谓独具一格。

绵阳南郊机场

绵阳城本身也是一道亮丽的风景线。高大的楼房、整洁的街道、绿色的草坪、盛开的鲜花，给游人留下深刻的印象。市中心文化广场和开放的人民公园，是人们观光休闲的好去处。园内的绵阳解放纪念碑和"两弹元勋"邓稼先纪念铜像，可供游客参观瞻仰。

绵阳城中三江汇流，四山环抱，东有富乐阁，西有子云亭，北耸越王楼，南立南山塔，山清水秀，天蓝地绿。绵阳不仅被联合国授予"改善居住环境最佳范例城市"称号，还是全国园林绿化先进城市、国家卫生城市、国家文明城市。

人民公园的群众文化活动

涪江之夜

中国"两弹城"景区

中国"两弹城"景区是中国工程物理研究院原院部旧址，位于四川省梓潼县，创建于20世纪60年代中后期，是我国核武器研发的重要基地。基地位于绵阳市梓潼县长卿山南麓的长卿镇境内，距县城 2 公里，占地 1000 余亩，有地面建筑 167栋、面积约 20 万平方米。基地保留了大量 20 世纪六七十年代的建筑，包括院部办公楼、大礼堂、档案馆、模型厅、情报中心等，其中最著名的是"两弹元勋"邓稼先旧居（陈列着邓稼先生前的照片和生前使用过的物品）等。"两弹一星功勋奖章"获得者——邓稼先、王淦昌、于敏、朱光亚、陈能宽、周光召、郭永怀、程开甲、彭桓武等 19 位院士，以及成千上万的科研人员、工程技术人员曾在这里工作和生活过。还有长达 0.8 公里的防空战备洞等，以及由江泽民、李鹏、张爱萍、邓稼先、于敏等党中央、国家主要领导人及国防科学家的题词石碑 70 余块而组成的体现中华民族精神特质的民族魂碑林等。

两弹城见证了中国人民在攀登现代科学高峰征途中创造的人间奇迹，形成了"爱国奉献、艰苦奋斗、协同攻关、求实创新、永攀高峰"的两弹精神，显示了中华民族在自力更生的基础上自立于世界民族之林的坚强决心和能力，证明了党的坚强领导和社会主义制度的优越性。两弹城特有的科技文化资源，是开展爱国主义教育、发展红色旅游的重要基地。

北川地震纪念馆

北川地震纪念馆建设工程于 2010 年 12 月 28 日上午在北川县曲山镇任家坪正式开工建设。北川地震遗址保护工作将以北川地震纪念馆、老县城遗址和唐家山堰塞湖为载体，围绕缅怀纪念、科普宣传、爱国主义教育、羌文化传承及特有的自然山水风光打造旅游产业。

　　"裂缝"纪念馆由纪念步道、广场、建筑单体三部分组成，通过地面的切割、抬起，形成主要的建筑体量，再通过下沉的广场和步道使之向外延伸。

　　纪念馆外部采用饱含纹理的锈蚀钢板与屋顶绿色植被交接的边缘，展示大地被撕开时的建筑墙体。横向伸展的建筑形体配以三角形的长窗，进一步强化了外形张力。穿行于主馆和副馆间的"裂缝"步道铺着红色砂岩，以钢板划分线，与建筑立面形成统一整体。广场旁边的树林和植被为原本凝重的场所注入更多生命的气息，更赋予记忆与希望的意义。

六　现代风貌

1949 年 12 月 21 日，中国人民解放军一八〇师解放绵阳。随着绵阳的解放，古老的绵阳重获新生，开始了它绚丽多彩的建设历程。

1 绵阳解放开新局

1949 年 12 月 23 日，时任中国人民解放军西北军区司令员贺龙、副司令员王维舟在十八兵团司令员周士第、政委李井泉的陪同下来到绵阳，在绵阳商会会议厅召开商界代表会，动员绵阳工商界恢复生产。这对恢复和稳定绵阳城市经济发挥了很大的促进作用。

20 世纪 50 年代前期的绵阳一直是一个农业区，其国民经济的实体成分是农业，经济工作的重点也是农业。围绕农业办工业是绵阳工业发展的特征，工业生产的类别主要是以日用品和农副产品加工的工业为主，并有少量机械修理行业。1949

年年底，绵阳的全部工业总产值仅为 480 万元。

1950 年以后，工业生产从改造手工作坊着手，陆续兴办部分企业。到 1958 年年底，绵阳已有国营工业企业 48 家，公私合营企业 17 家，手工业合作社 6 家，个体手工业 1 户，私营工业不复存在，个体工业经济成分基本消失，工业总产值达到 1557.5 万元。

交通运输

交通运输是经济发展的命脉。1951 年 8 月，川北行署交通厅内河航运管理处设绵阳内河航运管理站，统一管理河道航港。陆上交通线路众多，从国道、省道、县道、乡道到专用公路，以绵阳城为中心构成四通八达的交通网，对城市发展起到了很好的促进作用。1953 年 10 月 1 日，天（水）成（都）铁路，后改为宝（鸡）成（都）铁路绵阳段正式通车，绵阳站成为二等大站。绵阳交通运输状况进一步改善，已构成公路、铁路和水上交通运输网，这里南来北往，畅通无阻。

20 世纪 50 年代建成的绵阳火车站

工业发展

20 世纪 50 年代后期到 80 年代前期，绵阳地区发展的最大特点就是逐步建立起门类齐全的工业体系和国防科研基地。

国家重点军工企业相继落户绵阳

20 世纪 50 年代后期以来，随着国家经济建设的全面展开，许多重大的工业建设项目开始投建，处于西部内陆腹地的绵阳成为国家军工电子项目的投建地，使电子工业最早落户绵阳。1955 年 10 月，国务院二机部十局派来了 20 多名苏联专家，在绵阳选点筹建无线电工业基地。1956 年 9 月，二机部十局在城区平政桥工业区筹建"三厂三校"（三厂：7967、2047、7837；三校：无线电技术学校、293 技工学校、296 技工学校）。为协助这项工作，绵阳在 1956 年 10 月成立了绵阳工业区建设委员会，专门管理工业区建设工作。

最值得一提的是，绵阳的工业区与西部其他同一性质的许多工业区不同，工业区紧邻城市而建，成为城市的一个组成部分。绵阳城市建设的这种格局是由朱德同志定下的。依据当时苏联专家的意见，各个工厂应分别设在离城较远的四个方位上，并且工厂之间的间距必须在 10 公里以上。1957 年 3 月，时任中共中央副主席、中央军委副主席的朱德同志到绵阳视察工作，在听取了陪同的地方领导有关工业区建设规划的汇报后，力排苏联专家的异议，明确指出，"城市布局应当适当集中，太分散了不好，要依托旧城设施，建设新区，逐步改造旧城"，① 并当即决定，将四个大型军工企业设在绵阳城区北部平政桥一带，集中建设中国第一个电子工业新区。

1966 年 5 月，构成绵阳电子工业主体的机载雷达厂、涪江机器厂、涪江有线电厂、华丰无线电器材厂全部建成投产。1965 年以后，朝阳机械厂、东方绝缘材料厂、粮食机械厂等一批大中型企业相继建成。这些大中型军工企业成批落户绵阳，为绵阳的工业化发展打下了坚实的基础。

1978 年十一届三中全会后，全党工作重点转移到经济建设上来，全国掀起了经济建设的高潮，绵阳的工业结构进一步得到调整和发展。

十一届三中全会后，中央对国防科技工业实行"军民结合、平战结合、军品优先、以民养军"的改革方针。从 1956 年开始布点建设电子工业基地到 1978 年，绵阳的国防工业及相关产业所承担的科研开发项目和生产的产品，几乎都是为国防建设服务，没有生产民用产品，也没有任何科研、技术项目向地方扩散。1978 年以后，以中央国防工业的改革方针为指导，结合全面整顿，这些科研单位和工矿企业逐渐由单纯的为国防建设服务转变为既为国防建设服务，又为地方经济建设服务，由单纯包销产品转变为面向市场推销产品，企业开始走向自主经营，它们纷纷建立民用产品的设计、生产和开发机构，按照市场需求改变产品结构，先后开发出黑白和彩色电视机、

---

① 转引自《绵阳市城乡建设志》，四川科学技术出版社，2001，第 3 页。

电风扇、洗衣机、收音机、电度表、电视共用天线、医用 B 型超声显像仪等一系列产品投放市场。绵阳的工业逐步形成布局合理、产品门类较全、配套能力强、有一定的集群优势、科研和生产紧密结合的新格局。

国防科研基地的形成

20 世纪 60 年代中期，全国实施"三线建设"，绵阳有幸成为"三线建设"的重点地区。绵阳境内布点了一批大中型国防军工企业和科研院所，门类涉及电子、机械、航空航天、应用磁学、工程设计等。为配合"三线建设"工作的开展，保障"三线建设"工程的物资供应，1965 年 1 月，绵阳专门成立了三线建设支重办公室。1965 年年初，一批国防重点科研单位的选址布点工作陆续展开。之后，中国空气动力研究与发展中心、西南应用磁学研究所、粮食储藏研究所、第四机械工业部第十一设计研究院等一大批全国一流的科研设计机构也纷纷落户绵阳。1965 年 5 月，中央又批准中国工程物理研究院在绵阳建设科研基地。1977 年，第五机械工业部在绵阳组建西南自动化研究所，绵阳的科学研究能力进一步得到强化。虽然上述绝大部分机构在绵阳建设时，正值"文化大革命"期间，局势动乱，但因其建设事关国防尖端科学和高新技术，国家采取特殊措施，保证了工程建设的顺利进行。20 世纪 70年代初，这批机构陆续开始了研究、设计和测试工作。

"三线建设"时期，在当时浓厚的"战备"观念指导下，几乎所有的国防重点科研单位都分散建立在梓潼、安县、江油、平武的大山之中，科研人员的研究条件和生活条件都非常艰苦。"两弹元勋"邓稼先就是在这些大山中艰苦奋斗了20多年。为了改善科研人员的工作和生活条件，国家决定将中国工程物理研究院迁入绵阳城郊。1983年，时任国防部部长的张爱萍将军亲自来绵阳选址，最后确定在绵阳城北的绵山上建设中国工程物理研究院。工程于1983年9月正式动工，故名"839基地"。1986年，"839基地"全面竣工，与之配套建设的有医院、学校、商业、物流等机构，相当于把一个小型的现代社会完整地移入绵阳。四川省人民政府于1987年在这里设立了"四川省科学城办事处"，该办事处为独立的县级行政机构，主要负责统一管理科学城的行政事务。四川省科学城办事处的建立，标志着中国的国防科研基地在绵阳正式形成。

文教卫体事业长足发展

这一时期，在经济建设取得不断发展的同时，文教卫体事业也取得了长足发展。

教育事业方面，学校数量增多，特别是1978年高考制度的恢复，有力促进了绵阳中等教育的发展，中学学校数量增加，学生数量增多；教师政治地位提高，工作积极性增强，教学质量有很大提高。1981年4月，南山中学被评为全省首批办得好的重点中学之一。

高等教育开始发展。1956年绵阳建立首座全日制性质的高等学校——绵阳初中师资训练班，1958年改为绵阳师范专科学校，1959年迁往遂宁办学。1965年，为适应"三线建设"的需要，清华大学在绵阳建立分校，设有电子真空、通信、半导体、雷达、激光五个专业。1966年，民航飞行专科学校四分校在中国人民解放军第十四航校的基础上建立。1978年清华大学绵阳分校迁回北京后，经国务院批准，四川建筑材料工业学院在原址以四川省建筑材料工业学校为基础建立。同年，绵阳农业专科学校在绵阳农业学校的基础上建立。1979年，绵阳师范专科学校迁回原总字502部队撤离后的基地。此外，还增加了广播电视大学和高等教育自学考试两种成人高等教育形式。至此，绵阳的高等教育已初具规模。

教育事业的新局面给绵阳带来一些变化，全城掀起了学习文化知识的高潮，文艺创作也进入高峰时期，各种文艺形式在继承中有所创新。群众文化活动丰富多彩，音乐、舞蹈、戏曲、美术、书法、摄影是城市居民十分喜爱的文化活动，他们常年自发或有组织地不间断地举行文化活动。在群众活动的基础上，政府逐渐建立了多级文化机构，如地区和县两级的文化馆、"文联"，街道办事处等单位的各种文化站、文化中心、俱乐部，川剧团、曲艺队。绵阳影视广播普及率提高，建有各级电影放映队和广播站，并建立了完整的图书发行系统。

这一时期，政府多次举办运动会，推动了群众性体育活动的广泛开展。

卫生事业方面，绵阳增加医疗网点，更新医疗设备，提高医疗技术，加强对医务人员的培训与管理，重视建设预防保健机构，重视公共卫生，积极实行卫生监测制度。上述措施的实行，使绵阳的医疗卫生条件得到改善，卫生水平得到提高，人民群众健康状况得到改善。最值得称道的是城市公共医疗体系的建立。城市公共医疗体系由省、地区、县的各级医院（包括各类职工医院)、防疫站和各单位的卫生处、卫生所组成立体网络系统,主要从事医疗、保健和防疫工作,有效防控各种传染病和地方病。同时,城市医疗也基本上实现了福利化。

2 绵阳建市展新颜

1985 年 2 月,经国务院批准,绵阳地区建制撤销,成立省辖绵阳市,原绵阳市(县级)撤销,建立市中区。1992 年,绵阳又将市中区以涪江为界,分为涪城和游仙两个区,确立了市管县体制,从此,绵阳的社会、经济发展开始形成以城市为中心的新格局,迎来了新的发展机遇。

"科技兴绵"大讨论的开展

党的十一届三中全会后,绵阳同全国各地一样,开展了"真理标准问题"的大讨论,并进行了补课,但侧重点是放在"理论武装"上。由于当时的干部群众对"文革"心有余悸,因而很难联系实际去研究问题。建市之初,绵阳向何处去的问题仍然困扰着市委和干部群众。

1988 年 6 月,市委在开展"生产力标准"大讨论、广泛听取各方面意见的基础上,召开常委扩大会议,进一步学习贯彻十三大精神,运用生产力标准总结检查过去工作中的经验教训,把认识统一到绵阳未来发展的方向上,发展方向为依靠科技进步,发挥绵阳科技力量雄厚的优势,依托科技进步振兴绵阳,坚定走科技投入的发展道路。会议进一步确立了"科技兴绵"的主体发展战略,摆脱了过去依靠人、财、物投入的老路。同年 8 月 15 日，市委召开一届二次全委会，会议讨论通过了《中共绵阳市委关于实施"科技兴绵"战略的决定》，至此，"科技兴绵"的发展战略正式确立并付诸实施。

"科技兴绵"战略是绵阳人民对国家战略重点的转移和市情认识的一次巨大飞跃，增强了全民的科技意识，特别是对"第一生产力"促进经济发展重要性的认识，增强了全民实施"科技兴绵"战略的自觉性和坚定性。通过"科技兴绵"战略的实施，到 1991 年，绵阳市国内生产总值达 70 亿元，国民收入达 60 亿元，工农业总产值达 120.34 亿元，比 1985 年分别增长了 64%、54% 和 68%；工业企业共开发新产品 2000多个，新产品产值占全市工业产值的比重由 1985 年的 12.9% 提高到 31.5%，投入产出比由 1:1.5 提高到 1:2.8。实践证明，"科技兴绵"战略是发展经济、振兴绵阳的希望之路，是发展国防科技工业的希望之路，也是造福于民的希望之路。

军转民科技兴市高潮的形成

绵阳的军工企业和科研单位，是国家"三线建设"在绵阳的建设布局，这里技术资源高度集中，综合研究开发实力雄厚，许多领域代表中国的最高研究水平。在军转民过程中，国营长虹机器厂首先打响了绵阳军转民的第一枪。

建市以后，随着改革的深化，一批电子军工企业下放给绵阳市管理。市委、市政府随即全力组织企业进行民品的研究和开发。国营长虹机器厂集中有限的财力，以高起点、高科技含量、高投入，集中研制彩色电视机。1989 年 8 月，长虹机器厂参照日本松下电器产业的生产线模式，由中日双方技术人员共同设计，建成年生产能力为 15 万台的彩电生产线，成为国内最早引进生产线生产彩电并批量投放市场的工业企业。其他企业也开展了洗衣机、传真机、电子接插件、共用天线、音响设备、高能电池等民品的研发。1991 年，全市军工企业的民品产值已由 1985 年的 4.8 亿元增加到 23.5 亿元，产值增加近 4 倍，共开发民用技术成果和产品 1000 多项，军工企业成为绵阳市经济发展的重要力量。尤其是长虹机器厂，一开始就把起点定在高科技的基础上，努力争创名牌产品，开发出长虹"红太阳""红双喜"系列彩色电视机，1998 年，长虹集团已从国有资产原值 0.26 亿元，年产彩电 5 万台，发展到集团总资产 167.8 亿元，品牌价值 245 亿元，年实现销售收入近 200 亿元，利税近 40 亿元，国内彩电市场占有份额达 30% 左右，居国内第一，世界第五，成为名副其实的"中国彩电大王"和"中国最大的彩电生产基地"。

今日长虹总部

长虹军转民的成功，无异于引爆了一颗重量级的经济"原子弹"，带动绵阳的军工企业加速进行"军转民"的进程，引起了国家有关部门的高度重视。1991年10月24日，国家科委、国防科工委、国务院三线办联合发文，将绵阳市列为全国唯一的"军转民科技兴市试点城市"。绵阳市委、市政府抓住这一新机遇，在已实施"科技兴绵"战略和企业军转民取得初步成绩的基础上，于1992年2月进一步做出了《关于大力推进军转民科技兴市的决定》，及时把"科技兴绵"战略推进到"军转民科技兴市"战略的新阶段。

在邓小平南方谈话精神的指引下，中共绵阳市委于1992年2月报经四川省人民政府批准，在绵阳市区西端普明山下安昌江畔建立了"绵阳高新技术产业开发区"，规划面积6.1平方公里，同年11月9日被国务院批准为国家级高新区。

绵阳高新技术开发区是绵阳军转民科技兴市的载体，是科技与经济结合的生长点，是孵化、培育高新技术实现产业化的基地。绵阳高新技术开发区依靠市内军工科技力量，逐步培育和发展五大产业，即电子信息节能技术产业、光机电一体化技术产业、核应用技术产业、新材料和节能技术产业、生物工程和精细化工技术产业。

在从"科技兴绵"战略到军转民科技兴市战略实施的前后十多年的时间里，绵阳市经济社会发生了巨大变化，见下表。

1985 年、1998 年绵阳经济社会发展主要指标比较

年份	国内生产总值	财政收入	农民人均收入	城市居民人均收入	三次产业结构
1985	28.1 亿元	2.57 亿元	333 元	711 元	43.1：34.5：22.4
1998	309 亿元	27.4 亿元	1977 元	4740 元	22.2：45.7：32.1
增长	10 倍	9.7 倍	5 倍	5.7 倍	

旧城改造和拓展新区的全面实施

建市初期，绵阳城区街道狭窄、交通拥挤。包括绵阳著名的商业中心正北街、临园口等，都显得非常狭窄、破旧。

1985 年建市以后，历届市委、市政府都十分重视城市建设工作，把城市基础设施建设放在重要位置上，建立健全了城市规划、建设、管理机构，实施了科学有效的管理。市建委带领城建职工，坚持统一规划、适度超前、突出重点、注重配套的建设原则，不断加快城市规划和城市基础设施建设，为建设富裕、文明、美丽的大城市打下了坚实的基础。

1986 年 5 月 13 日，第一条宽 50 米的临园干道破土动工。153 户居民，64 家商店仅在 40 天内就搬迁完毕。为了加快干道建设步伐，市政府成立了绵阳城区干道指挥部，市长亲自兼任指挥长，仅用了 4 个月便拿下了东段，5 个月修完中段，铺路面 3.8 万平方米，完成桥涵工程 2 座，建成排水、电力、燃气、附属设施工程 2 座和检查井 137 个、雨水口 129 个等。当年 10 月 8 日，临园干道竣工剪彩。

临园干道的建成，不仅是城建奇迹，也从根本上改变了绵阳人封闭的小农意识，从此拉开了绵阳城市道路建设的序幕。1993

临园干道中段

年 12 月 20 日，横贯南北的长虹大道、科委口立交桥施工前期降水工程开机下钻，打响了长虹大道建设的第一炮。同样由市长亲自任指挥长，建委、房管、公安、供水、供电等部门通力协作，经过建设者们近 3 年的艰苦奋战，于 1996 年 3 月，全长 20 公里、宽 60 米的长虹大道主体及配套工程完工，全线竣工通车。

1996 年 3 月 26 日，绵阳建市以来最大的一项市政工程，资金投入预算达 3 亿元的一环路工程开工建设。1997 年 12 月 30 日，一环路工程比预计时间提前一年多竣工。一环路的建成，构筑了绵阳现代化大城市的骨架，将临园干道和横跨南北的长虹大道连在一起，形成了一个硕大的环形道路交通网络。

为了解决原绵阳火车站不适应客货运量增长的问题，市政府创新求实，与各方达成协议，由政府、乡村、城建部门共同开发了 1.2 平方公里的土地用于建设火车站。在城市规划的控制下，乡村负责用地范围内的拆迁安置，无偿提供给政府 380 亩土地的使用权，同时，乡村从土地成片开发经营的增值中获

一环路代家湾立交桥

取收益，补偿被占用的土地；政府一次性补偿成都铁路局 200 万元用于建设新客站和改造旧站；城建部门修建道路广场。绵阳火车客站新建和货站改建于 1989 年 6 月 28 日动工，1990 年 5 月 30 日竣工，新建站比旧站面积增加 8 倍，客运能力提高 4~5 倍。货站改建后机械装卸能力提高 1 倍，可以起运 40 英尺国际标准集装箱。

绵阳市区从 1996 年 4 月开始，以市中心北街片区改造为突破口，拉开了大规模旧城改造的序幕。先后拆迁了 20 万平方米的旧房。2000 年，一个以北街和临园口为中心，功能齐全、设施配套、富有特色的现代化大型商贸区基本形成。绵阳高新技术开发区、游仙经济试验区、沈家坝小区建设步伐加快，已形成了功能完善、设施配套的新城区。

在城市建设中，绵阳市非常重视城市防洪。1981 年和 1982 年，安昌河两次洪水暴涨，倒灌绵阳城区，将绵阳大部分城区

1990 年新建成的绵阳火车客站

淹没，损失惨重。由于财政困难，安昌河堤坝一直未能修建。
直到 1991 年 3 月 5 日安昌河堤防才动工修建，1996 年 7 月 30 日
1～4 期工程竣工。堤坝总长 13465 米，坝高 5～8 米，顶宽 15～
17 米，防洪标准按 50 年一遇修建，总投资 14584 万元。

1983 年的安昌河

2003 年的安昌河

绵阳三江水利水电综合工程，于 1997 年 10 月 28 日破土动工，2000 年 9 月下闸蓄水。该工程由 15 孔拦河闸坝、装机 3×1.5 万千瓦的河床式电站、21 米宽的公路大桥和长 12.35 公里的防洪河堤组成。该工程建成后两岸形成的防洪堤可抵御 50 年一遇的大洪灾，改善下游灌溉面积 9 万亩，年可发电 2.01 亿度，交通网络将塘汛、小枧、松垭、永明连成一片，形成 40 平方公里的新城区。拦江蓄水，形成了 5.06 平方公里的大面积水域。它的建成对绵阳城市形象和生态环境产生了深远影响。

交通通信事业快速发展

建市后，绵阳公路交通建设速度进一步加快。1991 年年底，全市公路通车里程已达 5010 公里，较建市初新增 322 公里。等级公里由 1985 年的 802.5 公里增加到 1460 公里，增加

三江拦河闸坝

82%。农村乡镇公路通车率已由 96.3% 上升到 100%，399 个乡镇已全部通公路。

1992 年以后，绵阳公路建设开始以发展等级公路为主。对以绵阳为中心的主要经济线路、旅游线路进行改造配套，以提高公路等级和质量，实现公路建设由数量型向质量型转变。1992 年末，分别按一、二级公路标准新建、改建德绵高等级公路绵阳段 11.245 公里路段竣工，结束了市境内没有高等级公路的历史。为改善公路运输客运站点功能不齐、设备落后的状况，政府累计投资 3316 万元，新扩建 7 个客运站，其中绵阳 2 个，江油、三台、安县、梓潼、平武各 1 个。这些站点的落成，进一步改善了旅客乘车环境，收到车归站、人归点，方便旅客，有利集散以及铁路、公路分流的效果，为绵阳充分发挥川西北地区交通枢纽作用提供了条件。

"九五"期间，绵阳开始大规模建立以绵阳城区为中心，以江油、涪城、游仙、三台等经济发展密集区为重点，以公路、铁路干线和跨江桥梁为骨架，与航空衔接配套、干支线结合、内外畅通、布局合理的现代交通运输体系，实现了绵阳交通建设质的飞跃。

绵阳迎宾大道西山立交桥

1997 年，绵阳城区涪江三桥及滨江河堤广场、绵阳至三台一级公路相继竣工。1998 年绵阳至梓潼一级公路全线竣工。1999 年绵阳城区东方红大桥重建工程竣工通车。绵阳至盐亭高等级公路、绵阳至中江一级公路、三台芦溪特大公路桥梁均在 2000 年上半年全线通车。

1999 年年底，绵阳市公路通车里程达到 5295 公里，其中一级公路 186 公里。绵阳连接各县（市、区）的公路除平武、北川境内地段为三级外，其余均为一、二级公路。绵三、绵梓、绵盐、永安、成青、中雁、三中、绵中路及九寨环线等一批高等级公路的建成，有力地带动了绵阳县域经济的发展。1998 年成绵高速公路的全线贯通，一改从绵阳乘汽车至成都需四五个小时行程的历史，缩短了绵阳至省城的时空距离。

绵阳南郊机场自 1997 年 10 月正式破土动工后，经短短三年多的紧张建设，到 2001 年 4 月建成并通航，结束了绵阳无空运的历史。绵阳南郊机场可起降波音 737、757 和 A320 等大中型客机，成为成都双流机场的第一备用机场，绵阳水、陆、空立体交通网络形成。

1985 年以后，绵阳从改造现有通信网、组建以自动电话为主的城市通信网和农村通信网入手，通信网络建设步伐开始加快。全市用于改造通信网的投资达 2000 多万元。1988 年 10 月绵阳长途电话开始进入全国自动电话网，并开通国内和国际长话直拨业务。各县自动电话改制工程也取得重大进展。1989 年年底，绵阳长话电路己增至 304 条，市话总容量由 1985 年的 5620 门（7 县 1 区总数）增至 12900 门（其中自动交换机 12000 门）。1991 年，绵阳至江油光缆通信开通，标志绵阳长话传输技术达到 20 世纪 30 年代中期国际先进水平，从此，绵阳电话网由模拟通信技术开始跨入数字通信技术行列。

1992 年以后，邮电部门利用各种融资手段，开展邮电通信设施的大规模扩容和升级换代工作。仅 1994 年和 1995 年两年就累计投入 3.7 亿元，使全市通信容量成倍增长，通信手段更趋先进。1993 年 8 月，绵阳在全省除成都、重庆以外的地、市、州中率先开通 900 兆移动电话，并启用 160 电话信息服务台，使电话通信业务向综合服务方向拓展。1994 年绵阳数据通信 2 期工程提前 1 年完工，绵阳至三台、盐亭、安县、北川、梓潼 346 公里长途传输光缆也相继开通，当年市话安装了具有 10 万户容量的无线寻呼系统。1995 年，涪城区、旅仙区和北川羌族自治县境内的电话号码升至 7 位，各县移动电话基站也相继建成，移动通信范围逐步扩大。而当年绵阳邮政枢纽工程竣工，又使其成为川西北地区最大的邮件处理中心，进一步提高了邮政自动化水平。

"九五"时期，绵阳邮电业开始以更高的起点、更大的规模、更快的速度向前发展。1996 年全市通信建设以实施建设"两环""五网"（即绵阳—三台—盐亭—梓潼—江油—绵阳和绵阳—江油—北川—安县—绵阳两个光缆环线及本地电话网、移动通信网、数据通信网、电信支撑网、电话管理网五个通信网络系统）为重点，加大了建设资金投入，仅绵阳 C_3 扩大本地电话网建设即投入资金 1.88 亿元，先后对全市通信网进行传输光纤化、交换数字程控化改造，建成覆盖全市的大型无线寻呼系统，实现了 126、127 台及省网 129 台全市联网漫游，开通了数字移动电话，建成现代化的 114 电话查号系统，并从 1996 年 7 月 13 日零时起全市电话号码升为 7 位。邮政通信能力也进一步增强，特快专递跟踪查询系统已实现全国联网。1997 年 1 月中国计算机互联网绵阳节点开通，为绵阳又增添一种全新的信息通信手段。1997 年 9 月，总投资 4000 万元的 139 数字移动电话网全面建成开通，其交换机容量达到 5.5 万门。绵阳数字移动电话系统除满足绵阳地区用户交换使用外，还承担了广元、德阳的 G 网用户的交换业务。绵阳成为川西北数字移动电话交换中心，标志着绵阳电信事业的科技含量和通信能力达到一个新的水平。1997 年，中国联通绵阳分公司成立，开始着手中国联通所经营的移动电话、固定电话、无线寻呼、193 长途电话、数据通信、IP 电话、165 互联网等业务在绵阳交换区的网络建设与维护及综合业务经营任务。经逐年快速建设，绵阳已成为四川通信基础设施建设和营运中的重要力量。

1998 年，绵阳又进一步建成并开通 169 多媒体公众信息网及 IC 卡公用电话系统。全市邮电通信的服务功能更趋完善，至 1999 年末，绵阳邮电局（所）主要营业网点已达 389 处，遍布城乡各地，其中绵阳市区 62 处。全市本地电话用户已有22 万户，无线寻呼用户 20.3 万户，移动电话用户 10.6 万户，邮电通信事业呈现蓬勃兴旺的发展景象。

创建全国文明城市的历程

自 1985 年以来，绵阳市历届市委、市政府十分重视精神文明建设，坚持从提高市民素质入手，以规范市民言行为突破口，开展全民创建活动，取得了显著成效。

1987 年 2 月 10 日，中共绵阳市委召开扩大干部会议，学习、贯彻中央的《中共中央关于社会主义精神文明建设指导方针的决议》。会议决定，精神文明建设要紧密围绕发展社会主义商品经济这个主题，同整个改革配套进行，以社会公德、职业道德教育为主要内容，坚持"三个必须"（必须是推动社会主义现代化建设、必须是促进全面改革和实行对外开放、必须是坚持四项基本原则的精神文明建设）的基本指导方针，以培育"四有"新人为目标,把责任落实到每个单位,变为各级党组织和广大干部、群众的共同行动,广泛深入开展"三优一学"(优质服务、优良秩序、优美环境,学雷锋树新风)创文明单位等活动,弘扬和倡导与社会主义商品经济相适应的思想意识、道德观念、精神风貌和社会风气。

绵阳市区从1988年起,一直参加四川省中等城市的"三优一学"竞赛活动。但是,20世纪90年代前期,绵阳的经济建设和城市建设出现了超常规发展的喜人局面,干部群众的注意力高度集中在经济建设上,"先饱肚子,后扛旗子"的认识较为普遍,对精神文明建设出现了不同程度的松懈,再加之城市规模迅速扩大,市民的素质跟不上城市飞速发展的要求,因而城市的"脏、乱、差"问题凸显,尤其是城乡结合部,问题更为严重。在1995年四川省地级城市"三优一学"竞赛卫生检查评比中,绵阳排在倒数第一的位置。这个结果,使绵阳市上下都受到强烈的震撼。从1996年起,全市上下齐心协力,持续开展了全市性的全民"创建"活动。

绵阳市在创建活动中,始终坚持依靠群众,调动各方面积极性,坚持真抓实干、务实求新的工作作风,取得了一系列突破性成果。

1999年9月16日,绵阳市获"全国创建文明城市工作先进城市"称号,在全国精神文明创建工作先进单位表彰大会上受到表彰,成为四川省最早获此殊荣的城市。

2000年7月上旬,绵阳市关于在工业化进程中的居住环境改善行动的项目获得"联合国2000年迪拜国际改善居住环境最佳范例城市”称号。

2002年9月14日全国爱卫办国家卫生城市考核鉴定组宣布，绵阳通过国家卫生城市考核鉴定。

2003年11月25日，国家创建中国优秀旅游城市验收检查组来绵阳，开始为期4天的检查验收。29日，绵阳创建中国优秀旅游城市通过国家验收。

2003年12月14日，国家园林城市考核组莅绵，对绵阳市创建国家园林城市工作进行为期3天的考核验收。16日，绵阳市创建国家园林城市通过专家组验收。

2004年4月15日，国家环保总局授予绵阳市“国家环境保护模范城市”称号。

2005年6月30日，省文明委报经省委、省政府同意，把绵阳市推荐到中央文明办入围全国文明城市测评考核行列。10月26日，绵阳市被中央文明办授予“全国创建文明城市工作先进城市”称号。

2007年12月13日，中共四川省委办公厅印发《关于命名四川省文明城市、文明县城的通报》（简称《通报》），该《通报》命名绵阳市为四川省文明城市。

2011年，在第三批全国文明城市评选中，绵阳市被授予“全国文明城市”称号。

3　科技城建设谱新篇

进入21世纪，党中央、国务院决定建设绵阳科技城，绵阳的建设又迎来新的历史机遇。从此，绵阳人民在党和政府的领导下，开始了建设中国科技城的历史新篇章。

《绵阳科技城发展纲要》的形成

2000年9月4日，时任中央政治局常委的李岚清代表党中央、国务院专程来绵阳视察，做出了建设绵阳科技城的重大决策。他在绵阳科技城建设座谈会上代表中共中央做了重要讲话，对建设绵阳科技城的战略意义、基本思路、目标定位、深化改革、加强领导等问题提出了系统、重要的指示，形成了绵阳科技城发展纲要的基本框架。

中央做出建设绵阳科技城的重要决定后，国务院成立了"四川省绵阳科技城建设部际协调小组"，四川成立了以省长张中伟为组长的"四川省建设绵阳科技城领导小组"。四川省委、省政府和绵阳市委、市政府逐级传达，在科技城建设的指导思想、目标、思路、工作重点及实施等重大问题上，很快达成共识，于2000年9月12日出台了科技城建设总体方案初稿；10月，四川省委常委、省工委书记冯崇泰带领11个厅级领导到绵阳现场办公，专题研究绵阳科技城重点建设项目的编制及西南科技大学的建设规划；绵阳市委、市政府邀请20余名"两院"院士到绵阳为科技城建设把脉；11月，四川省省长张中伟率领"四川省建设绵阳科技城汇报团"到北京向国务院汇报；12月29日，中共四川省委召开常委会，审定《绵阳科技城发展纲要》（以下简称《纲要》），并决定同意正式报国务院批复。

2001年7月3日，国务院发出了《国务院关于建设绵阳科技城有关问题的批复》（国函〔2001〕76号），对《纲要》做出正式批复。国务院批复指出："建设好绵阳科技城，把绵阳丰富的科技资源转化为巨大的生产力，促进我国西部地区的经济发展，是邓小平同志关于科学技术是第一生产力重要论断的具体实践，对实施西部大开发战略和科教兴国战略具有重要意义。"《纲要》明确了绵阳科技城规划的建设目标、产业重点、科技事业、信息化、基础设施、外向型经济、环境建设及《纲要》组织实施等重大问题，成为绵阳科技城建设的纲领性文件。

科技城建设的实施

《纲要》批复后，国务院"四川省绵阳科技城建设部际协调小组"及时协调解决科技城建设中的矛盾和问题。各成员单位的部委、司局级领导达21批100多人次到绵阳调研，具体指导科技城建设的实施。绵阳市积极工作，奋力开拓，认真贯彻实施《纲要》，在体制机制创新、科技创新、环境创新等方面顺利发展。

以发展教育事业为突破口。科技的基础在教育。中央决定建设绵阳科技城后，绵阳市以此为契机，迅速把发展教育事业作为建设科技城的突破口。

绵阳市首先抓住过去高等教育发展滞后这个薄弱环节，积极扶持原西南工学院、绵阳师范专科学校、四川建材学校的升级。2000年12月21日，经国家教育部批准，由原西南工学院和原绵阳经济技术高等专科学校合并组建的西南科技大学正式成立。学校实行中央、四川省和绵阳市共建，以四川省管理为主的新管理体制，是伴随绵阳科技城而诞生的以理工科为主的综合性大学，占地 4000 多亩，设有由科技部、教育部批准的国家大学科技园和工学、理学、经济学、法学、文学、农学、管理学 7 个学科 60 个本科专业。学校坚持开放办学和产学研结合办学，充分利用绵阳科技城的科技资源优势，与中国工程物理研究院、中国空气动力研究与发展中心、四川长虹电子集团公司等大型科研单位和高科技企业人才、试验设备和科研课题等资源组合，合作办学，促进学校快速发展。

2001 年 9 月 16 日，经四川省政府批准、教育部备案，由原国家建材部所属"四川绵阳建材工业学校"、原"绵阳商贸学校"与"绵阳工业学校"三所中等专业学校合并组建的绵阳职业技术学院正式挂牌建立。三校合并后，实现了教学资源的优化组合与提升，学校坚持正确的办学方向，注重理论与实践结合，学生的动手能力增强，毕业后受到用人单位的普遍欢迎，出现了"进口旺，出口畅"的办学局面，现在校学生已达万人。2003 年 4 月 18 日，经教育部批准，由原绵阳师范专科学校和绵阳教育学院合并组建的绵阳师范学院正式成立。学院设有 60 余个全日制本科专业，占地 760 余亩，另有 1000 亩新校区正在建设中。学院自成立以来，与清华大学、北京大学、北京邮电大学、中国科学院地理信息产业发展中心建立了合作关系，与德国、美国、新加坡、澳大利亚等国家的高校建立了校际友好关系，全面提升了办学水平和办学质量。

此外，四川音乐学院在绵阳开办了四川音乐学院绵阳分院；四川大学与绵阳市政府签署了校地合作协议，在绵阳高新技术产业开发区建设四川大学绵阳科技园；西南财经大学在绵阳开办了一所独立本科学院电子商务学院，2006年4月被教育部批准为"西南财经大学天府学院"；同时被教育部批准建立的还有西南科技大学城市学院和四川音乐学院绵阳艺术学院。2000年之后，陆续到绵阳开展校地、校企合作的还有清华大学、西南农业大学、四川农业大学等。2005年，外地在绵阳办高校共12所，在校学生达5000余人，成为绵阳高等教育事业的另一支劲旅。绵阳科技城已经初步形成高等教育体系，成为四川省继成都之后高校最多的城市。

在科技城建设的过程中，不仅高等教育发展迅猛，民办教育在体制创新中也迅速崛起，成为绵阳教育事业发展的又一亮点。2000年以后，东晨集团投资2.3亿元建立了东晨国际学校，安徽万博集团投资1.2亿元建立了绵阳万博公学，德阳汉龙集团投资1.5亿元与绵阳中学合资办起了英才学校。此外，投资上亿元的还有绵阳外国语学校、东方双语学校等。2004年，绵阳市政府制定并下发了《绵阳市人民政府关于促进民办教育发展的决定》，为民办教育的发展营造了宽松良好的环境，教育事业一时成为招商引资的大市场。

2005年，绵阳市委、市政府决定，在科技创业园区内规划4平方公里的职业教育园区，高起点、高水平地建设一批学历教育与职业教育并重、产学研结合、中高等教育相衔接、中外办学相配套的职业教育院校和培训机构，并建成立足全省、面向西部、服务全国的西部一流的现代化职业教育园区。以体制、机制创新，开放式办学为鲜明特征的绵阳职业教育园区建设正在拉开序幕。目前以高等职业教育为核心、中等专业教育为重点、企业职工培训和农村劳动力转移培训为两翼的职业教育体系在绵阳开始形成。绵阳教育事业的迅速发展，为科技城的建设奠定了坚实的教育基础。

科技园区建设迅速起步。绵阳市在 1992 年就建立了国家级的高新技术产业开发区，经过几年的建设与发展，形成了一定规模的产业群体，在推进高科技的转化和新型工业化的进程中起到了发动机、孵化器和增长极的重要作用，从中尝到了甜头。中央决定建设科技城之初，绵阳市就把视野瞄准了世界各国科技园区建设的成功经验，从 2000 年开始，便积极筹备新的科技园区建设。

绵阳科创园高科技孵化大楼一角

　　按照《纲要》的规划和城市规划组团式布局的要求，绵阳市首先筹备在南郊的㳘城区塘汛镇划出部分土地建设经济技术开发区，在长期发展滞后的城西北园艺乡片区建设科教创业园区，在绵阳城东南、距市中心 10 公里的松垭片区建设现代农业科技示范区。这三个科技园区经四川省政府批准，于 2001 年 8 月相继建立。按照各自的职能分工，经济技术开发区着力发展规模化经营的现代制造业、高新技术产业、生态环保产业，重点是新型材料、汽车零配件、食品医药、电子信息、精细化工、生态环保生物工程高附加值产业；科教创业园区与中国工程物理研究院隔江相望，紧靠西南科技大学，着力发展军事电子产业群、高科技成果孵化基地和西部一流职教基地，逐步形成园林城市新区和文化新区；现代农业科技示范区按建设生态城市的要求，把农业科研、开发、创新示范的建设作为重点加以推进，形成农业科学园，畜禽科技园，生态观光农业综合示范园，食品加工产业园，饲料、兽医药产业园，农用工业园，现代新农村社区建设示范区，综合服务与农业高科技孵化中心等 10 余个功能的高科技农业示范园区。

　　科技园区建设是绵阳科技城建设的一个亮点。园区建设按照"布局集中，用地节约，产业集聚"的原则，充分发挥各科技园区的集聚、辐射、示范效应。通过几年努力，绵阳科技城基本形成了"一城多园"、特色鲜明、功能互补的城市格局，为科技城经济社会和城市建设的进一步发展奠定了良好基础。

　　加强环境创新，不断提升城市品位。环境创新是绵阳科技城建设一开始就确定的重要内容，其目的就是要为科技人员和

绵阳农科区四川农大高科农业有限责任公司一角

市民提供一个宜于创业、宜于居住的优美环境,解除创业者的后顾之忧。

20 世纪 90 年代,绵阳的城市面貌已经发生了翻天覆地的大变化,科技城刚刚开始建设的 2001 年,历经 4 年建设的"三江"大坝正式建成蓄水,在绵阳城区形成了一个 5.06 平方公里水面的"三江湖",不仅具有防洪、发电、旅游功能,而且极大地改善了绵阳城区的小气候。此后,又相继在安昌河修建了两处拦水坝,在芙蓉溪修建了一处拦水坝,使绵阳城区形成了山、水、城相互依存的城市格局。

科技园区的建设使绵阳城区规模成倍地扩大,城市交通问题凸显出来。在科技城建设开始以后,市委、市政府非常重视城市交通建设。

随着成绵高速公路的建成通车和绵(阳)广(元)高速公路的建设,绵阳市于 2002 年迅速建成了科技城大道和迎宾

清澈亮丽的绵阳"三江湖"

大道，及时解决了科技城出口畅通的问题。与此同时，新建和扩建了中心城区至科创园、经开区、农科区、"仙海湖"的科技城区间快速通道，2003 年，科技城区间快速通道已经把市中心与各科技园区紧密地连接在一起。

从 2001 年开始，绵阳市对中心城区进行了再一次改造。首先是把大批古老榕树、银杏树等景观乔木移植到草坪绿地和街景花园之中，提升了绿地的立体感。其次是改造了长期处于"老、大、难"的旧铁牛街，新建了铁牛广场、滨江广场，将老北街、北门口和翠花街片区改建为休闲购物的步行街。与此同时，绵阳进一步完善了城市供水、供电、供气和网络扩容改造，将城区主要街道的管、网、线等全部埋入地下，新建了董家沟、塔子坝等城市污水处理厂，全力实施了城市美化、亮化、绿化、净化工程，使城市中心区的环境再次刷新，城市环境品位大大提升。

1991 年的铁牛街

今日铁牛广场夜景

举办科技城博览会。绵阳科技城自 2000 年成立，先后于 2004 年、2010 年举办了两次科技城博览会。2004 年 4 月 26 日至 28 日，由国家科技部、国防科工委和四川省政府主办的中国·绵阳科技城科技博览会暨军转民高科技成果交易会首次在绵阳召开。当时国内仅有深圳、北京、上海和重庆四市举办过，绵阳是全国唯一举办此类活动的地级市。此次科博会包括高科技成果展示、高新技术成果交易、论坛、高新技术及军转民项目推介洽谈，具有全国性、特色性、高水平、大规模等特点，参展展位 400 个，国内 31 个省、市、自治区，部分高校，独立科研院所和著名企业等组团参展。

绵阳科技博物馆

"2010 中国（绵阳）科技城科技博览会暨军民融合高科技成果交易会"（以下简称"绵阳科博会"）于第十一届中国西部国际博览会（简称"西博会"）期间召开，借西博会平台促进绵阳科技城全面发展。本届绵阳科博会以"融合·创新·发展"为主题，位于西博会高新技术馆，展览面积 3600 平方米，分为新融合、新视界、新光源三个展示区，重点展出科技城新三城（空气动力新城、科学新城及由科学技术部、工业和信息化部及四川省人民政府联合主办，绵阳市人民政府承办的"航空新城"）建设、军民融合、三网融合和新兴产业成就。中国工程物理研究院、中国空气动力研究与发展中心、中国燃气涡轮研究院、中国西南应用磁学研究所、西南自动化研究所、长虹集团、九洲集团、西南科技大学等单位确定参展。展览内容涉及制造业、节能减排、新材料、三网融合等多领域，其中气象无人机、LED 芯片、工业 CT、风光互补发电系统等代表了国际国内先进科技水平。

　　2013 年 10 月 14 日至 16 日，中国科技城博览会在绵阳成功举办。本届科博会共开展科技成果和专利技术发布和交易、科技人才延揽、高新技术产品展示展销、科技创新发展论坛四大板块主题活动，展陈面积 3.5 万平方米，来自 15 个国家和地区的 7000 余人参会，参展项目 1304 项，举行各类活动 32 场次，对外开放合作及采购对接签约项目 146 个、金额 425.2 亿元，促成科技成果和专利技术交易 68 项、签约金额 61.3 亿元，人才交流合作达成意向性协议近 1000 个，来自全国各地的观众有 31 万余人，其中专业观众 4 万余人进行了参观交流。本届科博会坚持开放办会，部分世界 500 强和中国 500 强企业，清华大学、北京大学等 28 所国内知名高校参展参会，还有中关村、东湖、张江三大国家自主创新示范区，全国十大军工集团，62 家投资、金融和人才服务机构等单位，共 1149 个单位参展参会。科博会上，中国工程物理研究院太赫兹高速通信系统、北斗系统、中国商飞 C919 和 ARJ 客机模型、"天宫一号"体验舱、数字家庭体验馆、智能机器人、3D 打印技术、4G 通信技术等高科技前沿项目产品集中亮相，通用航空、减灾应急装备等代表性产品也同台展出，充分展示了科技创新、军民融合的新亮点。10 月 16 日下午，中国科技城科技博览会在四川省绵阳市闭幕。闭幕式上对包括科技成果和专利技术交易、人才交流、采购、对外开放合作等在内的 120 个项目进行了集中签约，达成签约金额 400 多亿元。绵阳市还被与会代表建议为中国科技城科技博览会的永久举办地。

4 抗震救灾，在废墟中崛起

汶川特大地震重创绵阳

2008 年 5 月 12 日 14 时 28 分，一场里氏 8.0 级的汶川特大地震袭击了 10 万平方公里的川西北龙门山区。就在那短短的 80 秒钟内，相当于 400 颗广岛原子弹爆炸的巨大能量沿着 300 多公里的断裂带急剧释放，主震破裂带横穿绵阳市的北川、安县、平武、江油等县市，瞬息之间山川易位、房屋倒塌、道路中断，人员伤亡惨重，社会经济损失巨大。

汶川大地震，重创在绵阳。绵阳所辖的北川、安县、平武为极重分灾区，其中北川羌族自治县曲山镇最大烈度达 11 度，被夷为平地，老城区 80% 的房屋、新城区 60% 的房屋倒塌，县城三口之家中仅 1/3 尚称完好，全县遇难 15645 人，失踪 4402 人。北川陈家坝乡，平武平通镇、南坝镇已成一片废墟，禹里、漩坪、高川、茶坪、枫顺等 18 个乡镇路断、电断、水断、通信中断，成为生命孤岛。江油、涪城、游仙、梓潼、三台、盐亭6县（市、区）为重灾区。全市9个县（市、区）、286个乡镇（街道）、521.7万人受灾，因灾遇难21963人，失踪7795人，受伤17.4万人。工矿企业受灾2140家，损坏机械设备、设施9.6万台（套）。农作物受损面积172万亩。农村房屋倒塌5844万平方米，城镇居民住宅倒塌或损毁628万平方米，全市公路受损6563公里，受损桥梁1503座、电站131座、水库597座、学校1398所、医疗卫生机构3113个、广播电视台站282个，直接经济损失高达1689.09亿元。

全力救援，最大限度抢救生命

天崩地裂，房倒楼塌，数万群众身陷垂危之中。绵阳市委、市政府临危不乱，镇定指挥，坚持生命至上，救人为重。第一时间组织全市万余名机关干部、企业职工、民兵预备役人员带着数万件救援工具，冒着生命危险火速赶赴灾区，全力解救被困人员。震后第一个昼夜从废墟中解救被困群众1.86万人，占最终获救人数的80%以上。2008年5月13日起，北川、平武、安县、江油四个县（市）党委政府与救援部队组成100多支救援小分队，采取步行、空投等方式，于5月18日晚全部到达80个极重灾乡镇的956个行政村，累计从废墟中解救被困人员24135名。从5月12日起，全市各级医疗机构无条件救治受伤群众，及时组织市内3847个医疗卫生防疫机构、26523名卫生防疫人员和157支市外医疗防疫队、7850名卫生防疫人员，对伤员实施全力救治，成功组织了新中国成立以来历史上规模最大、跨度最长、人员最多、涉及省市最广、使用交通工具最齐的伤员大转运，累计向全国 10 省市转运伤员 3381 人，占全省总数的 38%。在抗震救灾期间，累计救治伤病员 42 万人次，其中住院 2.3 万人次，重伤 2773 人，最大限度地降低了伤员死亡率和致残率。

妥善安置，努力恢复群众正常生活

特大地震发生后，市委在第一时间先后设立九洲体育馆等临时集中安置点 600 多个，同时抽调 1000 余名市级机关党员干部、组织近 10 万名志愿者服务安置点的受灾群众。市委还派出 300 余人组成的受灾群众安置工作组赶赴江油、北川指导安置受灾群众。在震后半个月内，绵阳市发放帐篷 46 万余顶，有序转移安置群众 300 多万人，全力做好生活必需品的采购和组织调动工作，及时兑现受灾群众临时生活救助资金，确保了受灾群众的基本生活。从 2008 年 6 月开始，市委、市政府按照"就地、就近、分散"的安置原则，全力做好受灾群众过渡性安置，在援建省、市协助下全力推进活动板房建设，鼓励群众自建过渡安置房、简易住房和投亲靠友、外出务工等，妥善安置了治愈返乡伤病员和 603 名"三孤"人员，7 月底，全市基本完成受灾群众过渡安置任务。

严防死守，圆满实现大灾之后无疫情

在抢险救灾中，市委、市政府坚持"防疫也是救人""救人与防疫并重"的原则，始终把卫生防疫作为抗震救灾的重大任务，严防死守。按照"进村入户、盖边沉底、不留死角"的目标，市委、市政府先后组织 99 支、8909 名专业卫生防疫人员，2 万余名群众按照 3 人一组、5 人一队的方式深入灾区村社，开展拉网式防疫处理，累计出动防疫工作人员 22.56 万人次，重点抓好县城、受灾群众安置点等重要场所，及时妥善处理遇难者遗体，加强死亡畜禽无害化处理，震后半月内实现卫生防疫全覆盖，消毒环境面积 12.2 亿平方米，监测饮用水样 1.3 万个，在极重灾区实施群体性预防接种甲肝、乙脑等疫苗 14.76 万人次。最终灾区未发生一起与地震相关的传染病流行和突发公共事件，实现了大震之后无疫情。

排险避难，成功处置唐家山堰塞湖等隐患

"5.12"特大地震产生的次生灾害极其严重，造成绵阳境内滑坡、泥石流等地质灾害多达 2432 处，形成堰塞湖 56 处，619 座水库受损。特别是唐家山堰塞湖时刻威胁着下游百万人民群众的生命财产安全。为处置危险性最大的唐家山堰塞湖，市委、市政府按照"排险避难同步推进"的处置原则，先后组织了 10 批"探险小分队"，建立气象、水文观测站点和视频监控系统，昼夜预警预报，科学制订唐家山堰塞湖下游群众撤离方案，共疏散撤离 21 万人。经过 20 多个昼夜奋战，到 6 月 11 日 16 时，唐家山堰塞湖泄流排险成功，实现了"零伤亡"目标，创造了世界水利史上安全处理大型堰塞湖的奇迹。其他 55 处堰塞湖险情也相继排除。

与此同时，市委、市政府组织抢险式工作组深入各县市区排查、实施水利工程除险，到 2008 年 10 月，全部完成全市

619 座受损水库应急除险，对 35 处重点震损堤防进行了应急处理，全市震损水库、水电站无一垮坝，震损堤防无一决口。市委、市政府组织转移和处置 6 个堰塞湖下游 60 家工业企业的危险化学品和危险废物 12262 吨，迅速开展了应急安全检查，及时开展抢险工作，共检查桥梁 56 座，城市公共建筑 2079 幢 1021.49 万平方米，住宅建筑 18.89 万户 2228.95 万平方米，对受损严重的 11 座桥梁、442.10 万平方米公共设施和 428.17 万平方米住宅分别提出了处理意见，及时消除了安全隐患。

八方援建，共创辉煌

从 2008 年 7 月开始，绵阳市全面转入灾后恢复重建阶段，2010 年秋天，三年灾后重建工作两年基本完成，创造了震惊世界的人间奇迹。原因有三个：一是党中央、国务院的亲切关怀和高度重视，二是援建省市的无私奉献和鼎力支持，三是 500 万绵阳人民的艰苦奋战和创新实干。胡锦涛总书记先后三次、温家宝总理先后八次亲临绵阳。他们深入北川、平武、安县、江油的极重灾乡镇，慰问受灾群众，指导抗震救灾和灾后重建。两年中，山东、河北、辽宁、河南四个对口援建省，资阳、达州、南充、内江四个对口援建市累计援建绵阳的项目达 820 多个，援建资金近 200 亿元。至于 500 万绵阳人民付出的艰辛劳苦，已经无法用任何统计方式或计算方法加以量化。

两年中，绵阳全市纳入国家灾后重建的规划项目 7318 个，总投资达 2266.3 亿元，相当于建市 20 多年固定资产投资总额的近两倍。截至2010年9月底，已开工项目7284个，开工率达99.5%；完工6255个，完工率超过85.5%；完成投资1887.2亿元，占总投资的83.3%。

绵阳的灾后重建工作在党中央、国务院的亲切关怀下，在四川省委、省政府的坚强领导下，在全国人民的大力支持下，坚持以科学发展观为指导，尊重客观规律、科学规划、突出重点，确保了全市规划建设水平总体提升；坚持和谐重建，始终把民生改善作为最大政治，把群众满意作为最终标准；狠抓薄弱环节，做好特殊群体帮扶就业工作，使灾区群众生产生活得到显著改善；坚持务实重建，一切从实际出发，量力而行，尽力而为，建设分步实施，功能适度实用，严把规划执行关、质量安全关、工程造价关，做到施工建设服从规划，时间进度服从质量，资金投向服从效益，确保重建经得起实践、历史和群众的检验，使全市51.2万户永久性农房建设和公共服务设施水平跨越二十年；坚持艰苦重建，大力弘扬伟大的抗灾精神，把建设物质家园和建设精神家园有机结合起来，经过重建后的灾区城乡，人们普遍承认，最漂亮的是农房，最坚固的是学校，最现代的是医院，最有潜力的是园区。因此，最感谢的是援建方。

绵阳市长期坚持工业强市战略，坚持工业为先，工业为重，工业为大，突出抓好产业、项目、工业、园区、企业家队伍、环境建设六个重点，882个规划重点项目，总投资367亿元，向"优势企业倍增计划"倾斜，以支持长虹、九州、攀长钢、新华等重点企业做大做强。

在为期两年的灾后重建工作中,绵阳市委、市政府始终把民生改善作为最大政治,把群众满意作为最终标准。灾后重建怎么办,充分尊重群众意见;灾后重建怎么干,群众最有发言权。绵阳市委、市政府运用逆向思维,采取倒逼机制,从薄弱环节入手,组织广大党员干部深入极重灾区、板房社区、偏远山区,解决群众利益诉求,构建党员干部与灾区群众的新型连接机制,深入开展"领导挂点、部门包村、干部到户"活动,做到重大节日、婚丧嫁娶、红白喜事"三必到"。对极重灾区的北川县84个极重灾村,市委组织起69个市级部门的上千名干部蹲点帮扶。全市19228户因灾失地农户实现了有房住、有地种、有业就,逐户落实了2.2万名"三孤"(孤儿、孤老、孤残)家庭的救济措施,建立起特定群众"一对一"帮扶机制。开发更多公益性岗位,使灾后重建过程成为扩大就业、保障民生的过程。2010年上半年,全市城镇新增就业和实现再就业37445人,农村转移就业118万人。2012年,地区生产总值达到1346.42亿元,创历史新高。2013年年底,经省住建厅审查确认,绵阳城区建成区面积达到107.5平方公里,城区常住人口达到118万人,正式跃入百万人口大城市的行列。如今的绵阳,经过灾后重建,在废墟上崛起,又展示出往日的繁荣。

开展"向兰辉同志学习"活动

2013年5月23日下午15时许,四川省北川羌族自治县副县长兰辉同志带病下乡调研,在检查灾后重建的道路交通和安全生产工作途中,于漩坪乡不慎坠崖,因公殉职,终年48岁。

同年9月,中共中央总书记、国家主席、中央军委主席习近平做出重要批示，号召广大党员干部向践行党的群众路线的好干部兰辉同志学习。

习近平在批示中指出，兰辉同志始终把党和人民的事业放在心中最高位置，是用生命践行党的群众路线的好干部，是新时期共产党人的楷模。广大党员干部要学习他信念坚定、对党忠诚的政治品质，心系群众、为民尽责的公仆情怀，忘我工作、务实进取的敬业精神，克己奉公、敢于担当的崇高品格，牢固树立宗旨意识，自觉做到为民务实清廉，更好地发挥表率作用，不断做出经得起实践、人民、历史检验的实绩。

9月25日晚，市委书记罗强主持召开市委常委会议，专题传达学习习近平总书记关于学习宣传兰辉同志先进事迹的重要批示精神和刘云山同志看望兰辉同志先进事迹报告团成员时的讲话精神，并研究了贯彻意见。

9月29日，中共绵阳市委发出《关于开展向兰辉同志学习活动的通知》，正式追授兰辉同志"优秀共产党员"称号，号召全市广大党员干部群众行动起来，迅速掀起学习兰辉同志热潮，激励广大党员干部学习先进、争当先进、赶超先进，崇尚事业、追求卓越、愉快奉献、健康生活，为推进绵阳西部经济文化生态强市建设做出更大的贡献，以实际行动谱写"中国梦"绵阳篇章。

2014年，绵阳市组织和参与制作的电影《兰辉》和长篇纪实文学作品《让兰辉告诉世界》双双获得全国"五个一工程"奖。

5　打造强市启新程

2013 年 1 月 5 日至 6 日，中国共产党绵阳市第六届委员会第五次全体（扩大）会议胜利召开。会议全面贯彻党的十八大精神，认真落实中央和省委经济工作会议的决策部署，分析当前形势，安排今后一个时期的工作，动员全市党员和干部群众乘势而进、开拓创新，夯实基础、着力突破，科学发展、加快发展，奋力推进西部经济文化生态强市建设。会议审议通过了《中国共产党绵阳市第六届委员会第五次全体会议决议》。市委书记罗强受市委常委会委托向会议做工作报告。市委副书记、市长林书成就 2013 年全市经济工作做具体安排。罗强在报告中深刻分析了全市经济社会发展形势，提出了建设西部经济文化生态强市的发展目标。

报告提出，围绕发展目标，全市上下必须因势利导、顺势而为，以更加广阔的视野重新审视市情和发展定位，清醒认识做出这一战略决策的时代背景，清醒看到绵阳存在的发展差距，充分认识绵阳发展的基础条件，拓宽思路、明确目标，努力把绵阳市建设成为"具有科技核心优势、工业竞争优势、城市品牌优势、区位比较优势，历史传统民族文化与现代科技工业文明交相辉映，天蓝、地绿、水净、人和"的西部经济文化生态强市，巩固和发展绵阳在四川发展格局中的优势地位、在西部经济格局中的重要地位。到 2020 年力争综合经济实力进入西部非省会城市前 5 位。建设西部经济文化生态强市是一项系统工程,党的十八大精神是统领,走在全省新一轮发展前列是努力方向,科技立市、工业兴市是主导,绿色发展、循环发展、低碳发展是路径,全面提高党的建设科学化水平是保障。

会议要求,各地各部门要按照全市经济工作的总体要求和预期目标,突出抓好六个方面的工作:一是推进"两化"互动、统筹城乡发展,提升综合竞争力。坚持以工业强市为主导,推动新型工业化新型城镇化良性互动、新型城镇化农业现代化相互协调。二是着力创新驱动发展,推动科技城建设取得新突破。全面实施《绵阳科技城发展规划(2011~2015年)》,加快把科技城建设成为军民融合示范地、科技创新策源地、科技成果集散地、创新人才汇聚地、高新技术产业集中地。三是扩大开放合作,打造西部内陆开放前沿。坚持"引进来"与"走出去"相结合,努力把绵阳建成外资西进、内资西移的重要承接地。四是坚持民生优先,建设幸福和谐绵阳。要在改善民生和创新管理中加强社会建设,突出抓好群众最急最盼的事情,使全市人民更好地享受到发展成果。五是加快文化繁荣发展,建设西部文化强市。全面贯彻"二为"方向、"双百"方针和"三贴近"原则,加快推进文化改革发展。六是加强生态环境保护,努力建设美丽绵阳。坚持绿色发展、循环发展、低碳发展,形成节约资源和保护环境的空间格局、产业结构、生产方式、生活方式。

会议要求,各级党组织要以改革创新精神全面推进党的建设新的伟大工程,不断提高党的建设科学化水平,引导全市党员干部崇尚事业、追求卓越、愉快奉献、健康生活，为狠抓各项决策部署贯彻落实提供坚强保证。要加强思想建设，坚定理想信念。要加强队伍建设，建强执政骨干力量。要加强基层组织建设，夯实执政基础。要加强作风建设，密切党群关系。要加强纪律和反腐倡廉建设，永葆政治本色。

参考文献

《绵阳市志》，第 1 版，四川人民出版社，2007。

蒋志：《绵阳简史》，第 1 版，成都科技大学出版社，1998。

杨子林主编《绵阳城市文化研究》，第 1 版，四川科学技术出版社，2000。

沈亦军、杨子林：《赵蕤及其〈长短经〉研究》，西南交通大学出版社，2004。

中共绵阳市委宣传部编《告诉你一个真实的绵阳》，巴蜀书社，2003。

绵阳市统计局编《绵阳统计年鉴》(2013)。

中共绵阳市党史办公室编《绵阳市抗震救灾重建家园实录》，中共党史出版社，2009。

《绵阳市非物质文化遗产名录》。

后 记

　　绵阳是我国唯一的科技城，同时也是全国文明城市、成渝经济区西北部的中心城市和四川省第二大城市。绵阳历史悠久、人文荟萃，既有雄奇俊秀的旖旎风光，又有丰富多彩的民族风情。经过数十年坚持不懈的建设，古老的绵州城脱胎换骨，焕发出崭新的生机。为了充分展现绵阳的历史文化，在罗强书记、林书成市长的支持下，《绵阳史话》得以诞生。

　　本书是集体研究和创作的结果。绵阳市委宣传部、绵阳市社会科学联合会、绵阳市方志办公室承担了主要编纂工作，由杨子林、杨培德、蒋志三位同志执笔。冯俊峰、何季德、刘仲平、向梅、吴峰、余政道、高悟等对编写工作提供了宝贵意见。

　　本书的编写、修改和统稿工作，由张学民同志统筹主持，王晓刚同志具体组织。陈进宝、欧阳蒲剑、欧友伦、蒲丁午、刘超等同志承担了大量的具体工作。

本书的书稿还同时送至市委办公室、市委政研室有关领导同志审阅。

由于成书时间紧迫和编者水平所限，疏漏之处在所难免，敬请批评指正。

编 者

2014 年 10 月

图书在版编目（CIP）数据

绵阳史话/中共绵阳市委宣传部，绵阳市社会科学联合会，绵阳市地方志办公室主编.—北京：社会科学文献出版社，2015.3
（中国史话）
ISBN 978 - 7 - 5097 - 6739 - 9

Ⅰ.①绵…　Ⅱ.①中…　②绵…　③绵…　Ⅲ.①绵阳市 - 地方史
Ⅳ.①K297.13

中国版本图书馆 CIP 数据核字（2014）第 262196 号

"十二五"国家重点图书出版规划项目

中国史话·社会系列
绵阳史话

————————————————————————

	中共绵阳市委宣传部
主　　编／	绵阳市社会科学联合会
	绵阳市地方志办公室

出 版 人／谢寿光
项目统筹／宋月华　谢　安　　责任编辑／王玉霞

出　　　版／社会科学文献出版社·史话编辑部（010）59367215
　　　　　　地址：北京市北三环中路甲 29 号院华龙大厦　邮编：100029
　　　　　　网址：www.ssap.com.cn
发　　　行／定制出版中心（010）59366509　59366498
　　　　　　市场营销中心（010）59367081　59367090
　　　　　　读者服务中心（010）59367028

印　　　装／三河市尚艺印装有限公司
规　　　格／开　本：889mm×1194mm　1/32
　　　　　　印　张：5.25　字　数：110 千字
版　　　次／2015 年 3 月第 1 版　2015 年 3 月第 1 次印刷
书　　　号／ISBN 978 - 7 - 5097 - 6739 - 9
定　　　价／25.00 元

————————————————————————